"十四五"职业教育国家规划教材

口语交际实用技巧与训练

◎主　编　彭斐旎　钟姝华

◎副主编　林海娣　叶俊鹏　以彦文　黎银屏

◎参　编　巫晓圳　蒋　敏　黄冰莹

电子工业出版社

Publishing House of Electronics Industry

北京·BEIJING

内 容 简 介

本书以岗位工作内容为基础,以职业工作者必备的表达、思维、沟通技巧为核心,将内容分为"语言运用"和"职场运用"两大模块。"语言运用"模块由介绍、交谈、沟通、演讲四个项目组成,旨在由日常生活中最基本的口语交际导入,锻炼学生对于生活类口语的准确把握和应用;"职场运用"模块由求职应聘、销售、主持、语音客服、谈判和解说六个项目组成,根据岗位需要,强化职业技术院校学生在工作岗位的口语交际能力,提高语言运用的针对性。本书各学习项目都以"案例导入"引发学生的学习兴趣,以简要的"知识介绍"阐明各种口语交际形式的要求和相关技巧,再以"实训练习"题目进行实践训练,最后附以"学习评价"反馈学习对象掌握情况,构成了较为完整的学练评系统,具有较强的教学操作性。

未经许可,不得以任何方式复制或抄袭本书之部分或全部内容。
版权所有,侵权必究。

图书在版编目(CIP)数据

口语交际实用技巧与训练 / 彭斐旎,钟姝华主编. —北京:电子工业出版社,2018.10(2025.9重印)
ISBN 978-7-121-34532-6

Ⅰ.①口… Ⅱ.①彭…②钟… Ⅲ.①汉语—口语—职业教育—教材 Ⅳ.①H193.2

中国版本图书馆 CIP 数据核字(2018)第 128593 号

策划编辑:张 凌
责任编辑:白 楠
印　　刷:河北虎彩印刷有限公司
装　　订:河北虎彩印刷有限公司
出版发行:电子工业出版社
　　　　　北京市海淀区万寿路 173 信箱　邮编　100036
开　　本:787×1092　1/16　印张:8.5　字数:217.6 千字
版　　次:2018 年 10 月第 1 版
印　　次:2025 年 9 月第 19 次印刷
定　　价:26.00 元

凡所购买电子工业出版社图书有缺损问题,请向购买书店调换。若书店售缺,请与本社发行部联系,联系及邮购电话:(010)88254888,88258888。
质量投诉请发邮件至 zlts@phei.com.cn,盗版侵权举报请发邮件至 dbqq@phei.com.cn。
本书咨询联系方式:(010)88254583,zling@phei.com.cn。

前 言
PREFACE

"实施科教兴国战略，强化现代化建设人才支撑"，党的二十大报告中提出了发展职业教育的重要性和紧迫性。要实施人才强国战略，培养造就大批德才兼备的高素质技术技能人才，要努力造就更多"卓越工程师、大国工匠、高技能人才"。

本书根据全国职业技术院校口语交际课程的基本教学要求，结合编者从事职业教育口语交际类课程的心得体会，根据职业院校学生认知特点及社会对技能人才的实际需求，以职业工作者必备的表达、思维、沟通技巧为核心，结合职业工作者基本的职业素养，注重科学性、通用性、职业性和实效性。

本书将内容分为"语言运用"和"职场运用"两大模块。"语言运用"模块由介绍、交谈、沟通、演讲四个项目组成，旨在由日常生活中最基本的口语交际导入，锻炼学生对生活类口语的准确把握和应用；"职场运用"模块由求职应聘、销售、主持、语音客服、谈判和解说六个项目组成，根据岗位职位需要，强化学生在工作岗位的口语交际能力，提高语言运用的针对性。

本书是广东省机械技师学院"创建全国一流技师学院项目"成果——"一体化"精品系列教材之一。本系列教材以"基于工作过程的一体化"为特色，通过典型工作任务，创设实际工作场景，让学生扮演工作中的不同角色，在教师的引导下完成不同的工作任务，并进行适度的岗位训练，达到培养提高学生综合职业能力的目标，为学生的可持续发展奠定基础。

限于编者水平，书中难免有疏漏之处，恳切希望广大读者对教材提出宝贵的意见和建议。

编　者

目 录
CONTENTS

模块一 语言运用

项目一 介绍 ……………………………………………………………………… 002
　　任务一　自我介绍 …………………………………………………………… 002
　　任务二　居间介绍 …………………………………………………………… 006

项目二 交谈 ……………………………………………………………………… 010
　　任务一　倾听 ………………………………………………………………… 010
　　任务二　说服 ………………………………………………………………… 016
　　任务三　赞美 ………………………………………………………………… 020

项目三 沟通 ……………………………………………………………………… 025
　　任务一　沟通的基本技巧 …………………………………………………… 025
　　任务二　与上级沟通 ………………………………………………………… 028
　　任务三　与同事沟通 ………………………………………………………… 034
　　任务四　与客户沟通 ………………………………………………………… 038

项目四 演讲 ……………………………………………………………………… 044
　　任务一　演讲的基本技巧 …………………………………………………… 044
　　任务二　竞聘演讲 …………………………………………………………… 050
　　任务三　即兴演讲 …………………………………………………………… 054

模块二 职场运用

项目一 求职应聘 ………………………………………………………………… 059
　　任务一　求职的语言技巧 …………………………………………………… 059
　　任务二　现场招聘应答 ……………………………………………………… 061
　　任务三　企业面试应答 ……………………………………………………… 066

项目二 销售 ……………………………………………………………………… 070
　　任务一　销售的语言技巧 …………………………………………………… 070

任务二　商品介绍 ··074
　　　任务三　活动推广 ··077
项目三　主持 ···083
　　　任务一　主持的语言技巧 ··083
　　　任务二　会议主持 ··087
　　　任务三　活动主持 ··089
项目四　语音客服 ···093
　　　任务一　语音客服的语言技巧 ··093
　　　任务二　处理呼入业务 ··095
　　　任务三　处理呼出业务 ··098
项目五　谈判 ···102
　　　任务一　谈判中的语言表达 ··102
　　　任务二　谈判报价与磋商 ··107
　　　任务三　谈判说服与让步 ··112
项目六　解说 ···116
　　　任务一　解说的语言技巧 ··116
　　　任务二　接待和送行解说 ··118
　　　任务三　景点文物解说 ··120

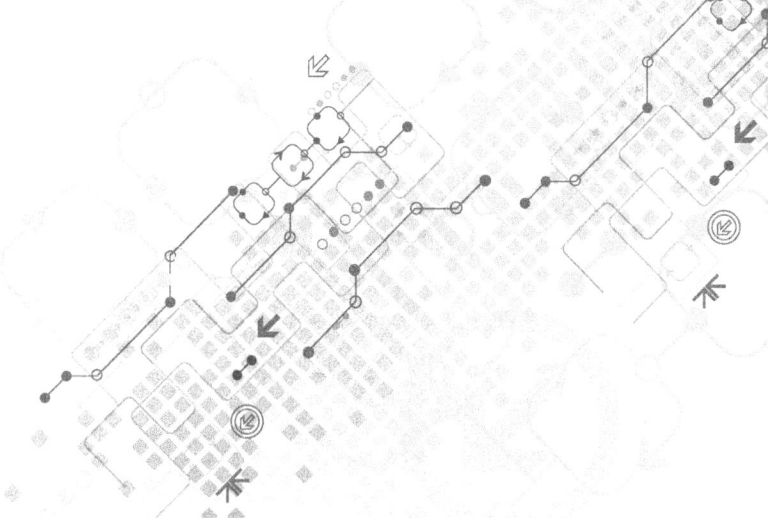

模块一　语言运用

项目一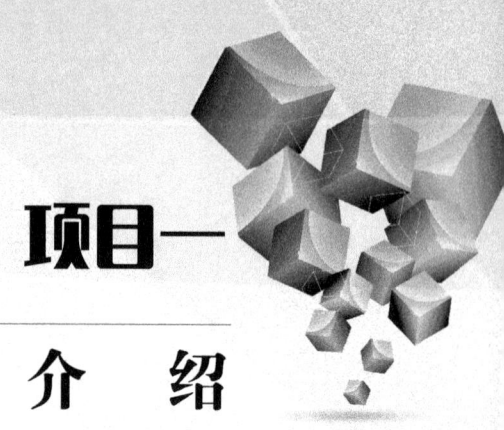

介　绍

任务一　自我介绍

学习目标

1. 学生能掌握自我介绍的内容和学会自如地表达。
2. 学生能掌握自我介绍的顺序和时机。
3. 学生能掌握自我介绍的注意事项。

技能要求

1. 学生能根据场合、人物的不同，大方、恰当地介绍自己。
2. 学生能面对各种对象得体地介绍自己一分钟。

现今社会，人与人之间的交往繁杂多变，因生活、工作需要，初次见面进行介绍是必不可少的交际手段。介绍是人与人之间进行相互了解和沟通的出发点，最重要的作用是缩短人与人之间的距离，增强人与人之间的了解。无论是在工作场合、商务场合还是社交场合，介绍者的介绍如同一把钥匙，打开互不相识两方的大门。如能正确地利用介绍，不仅可以自我展示、自我宣传，而且有助于扩大交际圈，广交朋友。可以说，介绍是交际之桥，连接交际的双方。得体的介绍往往会给对方留下良好的第一印象。

案例导入

案例 1　参加学校社团活动的同学这样介绍自己："我叫刘舒影，刘舒影的刘，刘舒影的舒，刘舒影的影，我是舞蹈高手，会自编舞曲，拿过县、市级舞蹈比赛第一名，省级比赛优胜奖，超级厉害。"

案例 2　"大家好，我叫李舒，木子李的李，舒服的舒，正如同我的名字，我性格比较文静，喜欢音乐和看书，希望日后相处中，李舒能给您留下一个舒服的印象。"

想一想

大家觉得以上案例中哪个自我介绍较为清晰？哪个介绍较为大方得体？

一、自我介绍的场合和形式

1. 社交场合的自我介绍——应酬式

应酬式适用于一些公共场合和一般性社交场合，这种自我介绍最为简洁，往往只是介绍姓名一项即可，例如：

"你好，我叫杨清。"

"你好，我叫张成浩。"

2. 工作场合的自我介绍——工作式

工作式适用于工作场合，它包括本人姓名，就职单位及部门、职务或所从事的具体工作等，例如：

"你好，我叫杨清，是广东新营模具公司的销售经理。"

"你好，我是张成浩，我在新洋机电有限公司负责市场与项目推广。"

3. 合作伙伴场合的自我介绍——交流式

交流式适用于同事间工作社交场合，希望与交流对象进一步交流和沟通，给人留下印象，包括介绍本人姓名、工作部门、工作经历、兴趣爱好及与交流对象的某些熟人的关系，例如：

"你好，我叫杨清，佛山人，今天开始在新营模具公司正式上班，我性格开朗，喜欢打篮球，希望日后与大家合作能融洽开心。"

"我叫张成浩，是李波的同事，之前也在新洋机电公司营销部工作，今后请大家多多指教。"

4. 活动场合的自我介绍——礼仪式

礼仪式的自我介绍适用于讲座、演讲、报告会、庆典活动仪式等一些大型、正规或隆重的场合，介绍内容包括姓名、单位、职务等，同时还应加入一些适当谦辞、敬词等，例如：

"各位来宾，大家上午好，我叫杨清，我是广东新营模具公司的销售经理。我代表本公司热烈欢迎各位莅临我们公司的商品展销会，希望大家对我们此次展销会……"

5. 求职应试场合的自我介绍——回答式

回答式适用于应试、求职等特定场合，回答式自我介绍应该是有问必答，问什么答什么，不要漫无目的过分展开，例如：

"先生，您好！请问您怎么称呼？"

"各位考官好，我叫张成浩！"

主考官："请介绍一下你的基本情况。"

面试者："各位考官，您好！我叫杨正，今年19岁，毕业于广东科技技师学院机电专业……"

二、自我介绍的顺序和时机

自我介绍的一般顺序是"位低者先行"，即地位低或晚辈先做介绍，当面对不同对象时介绍顺序或时机则各有不同。

1. 向工作伙伴介绍自己

面对自己日后的工作伙伴，应采用主动型自我介绍。可积极热情地介绍自己，如遇到与自己新入职的同事须共同介绍时，则让女士先做自我介绍。

2. 向工作领导介绍自己

面对自己日后的工作领导，应采用主动型自我介绍。但要注意介绍时机和场合，一般是晚辈和地位低的人先介绍自己，并且使用敬语"尊敬的……组长，请允许我……"。

3. 向工作客户介绍自己

面对自己的工作客户，应采用交互型自我介绍，先向对方主动介绍自己，以取得对方的呼应，结识对方。自我介绍时一定把自己的工作单位、职位、姓名详细介绍给对方，态度上表示结识对方感到十分荣幸和高兴。

4. 向竞争对手介绍自己

面对自己的竞争对手，应采用确认型自我介绍，先主动出击，扼要地介绍自己的优势，态度大方而自然，给人训练有素的感觉。

三、自我介绍的语言技巧

自我介绍首先要自报姓名，为了使对方听清并记住自己的姓名，往往要对"姓"和"名"加以注释，注释得越巧妙，给人的印象就越深刻。同时，对姓名的注释，还可以反映一个人的文化水平、性格、修养和口才等。

案例：小李在集团公司年会上介绍自己时说："我叫李真顺，木子李，真假的真，顺利的顺，整合这三个字，应该推出这样的意思：借一个谐音，理所当然地、真真正正地、顺顺利利地。好了，李真顺再次祝福各位朋友，身体健康，走向成功。"

这一段巧报姓名运用了五个要素，我们可以称它为"自我介绍的五要素法"，包括：姓什么、叫什么、什么字、何意义、祝福语。介绍简单，但给人留下非常好的印象。

每个人都有自己的名字，自己名字所包含的意义千变万化，在向别人介绍自己时，对于自己名字的介绍一定要巧，因为，你赋予这个名字什么样的意义，则别人会赋予这个名字同样的意义。

巧报姓名的几个方法：

（1）赋予名字积极的意义。

如赵杰，这个名字，如果说：赵，是走之旁，加一个叉，杰是木字下面四点。这样就一般了，没有新意。如果说：赵，是赵钱孙李的赵，百家姓中第一姓，杰，是英雄豪杰的杰，我的理想就是要做一个堂堂正正的英雄豪杰，不枉第一姓的称呼。

（2）故事法，讲明名字的来历或者编一个关于名字的故事，也是比较好的方法。

如孙迎菊，可以这样介绍：我叫孙迎菊，据我妈妈讲，在我出生的那天，我家窗台上的那盆菊花一夜之间就绽放开来，于是我妈妈就给我起了这个名字。再如李忆洪，可以这样介绍：我叫李忆洪，洪，是洪水的洪。在我出生那年，我们家乡发生了洪涝灾害，我爸爸不顾我刚刚出生，就去参加了抗洪救灾工作。因此，我妈妈就为我起了忆洪这个名字，希望我们能够时刻想起那段艰难的岁月，珍惜现在美好的时光。

（3）与名人挂钩。可以利用名人效应，让别人更容易记起自己。

如，有一位同学，叫周江平，他是这样介绍的：我叫周江平，周是周恩来的周，江是江泽民的江，平是邓小平的平。三位伟人都是我最崇拜的人，因此，我时时刻刻都把他们挂在嘴边，鞭策自己做一个对社会有益的人。

（4）谐音法。利用谐音也能很好地给人留下想象的空间，留有余味。

如邢芸，这个名字可以这样介绍，效果就好多了：我叫邢芸，芸是芸芸众生的芸。我告诉大家一个秘密，你们要经常喊我的名字，你们就会得到好运。因为我的名字的谐音就是幸运！请大家记住我，我会带给你们幸运的！

（5）图像法。就是营造一种图像，让别人想象一下，这样更能让人记住你的名字。

如余江雁，这个名字可以这样介绍：大家好，我叫余江雁，请大家想象一下，在长江上空，有一只大雁在飞翔，搏击长空，那就是我，余就是我的意思啊。请大家记住我的名字：长江上空的一只翱翔的大雁。

（6）和地名挂钩。和自己相关的地方挂钩，既让对方记住了自己的名字，又能知道一些其他信息。

如李淮河，可以这样介绍：我姓李，来自江苏，在秦淮河边长大，因此我的名字就叫作李淮河。

（7）调侃法。有些场合用一些调侃自己的方式，给人以轻松的记忆，效果也是非常好的。

如宋德让，这个名字，有人这样介绍：我叫宋德让，大家都喜欢和我交往、做生意，因为他们说和我做生意不吃亏，因为我"送了"，还"得让"着他们。

四、自我介绍的注意事项

自我介绍实际上是一种自我推销，它给别人留下的是第一印象。一般来说，自我介绍时要注意以下方面。

1. 平和自信

初次交往，都想互相了解对方，又都想被对方所了解。自我介绍时就要从容自信、大大方方、不卑不亢，多一点微笑，多一分亲善，把寻求理解、友谊的意向传递到别人的心中。要勇于向他人展示自己，树立自信，让别人产生希望与自己交往的愿望。

2. 繁简得当

应视交流的需要来决定介绍的繁简。一般说来，参加聚会、演讲、为他人办事、偶尔碰面、为单位公关等，自我介绍宜简约些，只要介绍姓名和院校或者工作单位即可；而在另一些场合，如求职、找人办事、招投标、深交朋友等，则可以介绍得细致一点。

3. 把握分寸

介绍自己要有自谦和自识，自我介绍少不了介绍"我"，但要把握好分寸。有的人自我介绍时，把"我"的形象树立得很高大，甚至一提到"我"就洋洋得意，这样的自我介绍不会给人留下良好的印象。

掌握分寸，关键要以平和的语气说出"我"，要目光亲切、自然，这样才能使人从这个"我"字感受到自己的自信、自立而自谦的美好形象。切不可自吹自擂，一般不用"很""最""第一"一类的字眼，适当留有余地，这样才能使对方产生信任感。

4. 注意时机

要抓住时机，在适当的场合进行自我介绍。最好是当对方有空闲，而且情绪较好、有有兴趣时做自我介绍，这样就不会打扰对方。

实训练习

1. 自我训练　请为自己的姓名设计一个令人印象深刻的自我介绍
2. 强化训练

预设情景训练，在下列公众社交场合下，你应该怎样做自我介绍。
（1）在学生社团招新会上，你是刚入学的技工院校学生；
（2）在学生干部竞聘会上，你是参加学生干部竞聘的候选人；
（3）在企业新员工欢迎会上，你是刚入职的新员工；
（4）在企业招商引资会上，你是企业对外项目推广部的经理。

学习评价

序号	内容	评价				备注
		完全掌握	基本掌握	较多不懂	未能掌握	
1	自我介绍的场合和形式					
2	自我介绍的顺序和时机					
3	自我介绍的语言技巧					
4	自我介绍的注意事项					

任务二　居间介绍

学习目标

1. 学生能掌握居间介绍的语言技巧。
2. 学生掌握居间介绍的顺序和时机。
3. 学生能掌握居间介绍的注意事项。

技能要求

1. 学生能根据各种场合大方得体地进行居间介绍。
2. 学生能根据人物的不同身份大方得体地进行居间介绍。
3. 学生能在现实社交生活中灵活运用居间介绍的技巧。

什么是居间介绍？居间介绍也可以称作给他人介绍、第三者介绍，是介绍者站在第三者的立场，即替交际群体中另外两方的人相互介绍，使他们在你的介绍、搭桥牵线之后相互认识，以共同完成新的交际行为。在居间介绍中，介绍人既要做好"媒人"，促进双方关系的建立，又要兼顾自己同双方关系的发展。

 案例导入

学校各社团代表在周末举行联谊会，作为主持人要介绍各个社团的负责同学，让大家尽快熟络起来。

案例 1 "大家好，我是今天的主持人李小真，很高兴能成为这次活动的主持人。不过呢，我也是第一次参加这个活动，各个社团的负责同学我也不太熟悉，要不你们自己认识一下吧。"

案例 2 "大家好，我是今天的主持人李大真，很高兴能成为这次活动的主持人，下面就由我来给大家介绍一下各个社团的负责同学。很多人都是第一次见面，等下介绍到谁就请站起来给大家认识一下，之后在活动中各位同学再慢慢熟悉吧。舞蹈社社长柳清眉同学……"

 想一想

大家觉得以上案例中哪个主持人的居间介绍较为合适？哪个主持人的介绍较为大方得体？为什么呢？

一、居间介绍要讲究语言技巧

1. 直接陈述，介绍双方姓名

在一般的社交场合，简单介绍双方的姓名，双方被介绍后可见机行事，自行决定是否继续交流，是一般性礼节居间介绍。例如："我来给两位介绍一下吧，这位是王海，这位是李莉。""这是我的同事张小敏。""这是我们公司销售部主任郑有名。"

2. 简单明了，勾画出被介绍人的特点

不要拐弯抹角，故弄玄虚，要用简洁明快的语言，三言两语勾画出被介绍人的轮廓。例如"这位是李晓东，他唱歌特别好听。""这是数控 1 班的张镇，特别幽默。"

3. 推荐式居间介绍，能为双方攀谈引出话题

作为介绍者应该事先了解被介绍人的特点，要有备而来，这样才能准确找到被介绍双方的共同点，避免不必要的尴尬。例如："李婷，这是我高中同学，他也特别喜欢音乐，你们俩肯定聊得来"。这需要介绍人事先了解过李婷也是喜欢音乐的，否则就会造成双方的尴尬。

4. 征询引见，得体有礼

征询引见，即采用询问句式，征得同意后再引见的介绍方法。这种方法不仅能显示出你对双方的尊重，而且询问的语调能使人产生一种亲切感，易于为双方所接受。例如："张老师，我可以介绍我的好朋友给您认识吗？""李总，您不是想了解辉煌公司新产品的市场情况吗？这是他们公司的张大年市场经理，他可以回答您的问题。"

5. 强调双方关系，引起对方注意

被介绍双方中，有一方与介绍者有一定的特殊关系，比如是亲戚、特别好的朋友等，介绍者重点强调其中一人与自己的关系，希望引起另一方的重视。例如："这位是王海同学，他是我中学时最好的朋友，请多多关照哦！"

二、居间介绍要讲究介绍的顺序

作为介绍人,你要负责引荐双方认识,这个"媒人"做得好不好,双方的交流顺不顺畅,跟介绍的顺序也是密切相关的,应该注意先后次序,即遵循"尊者先知"的原则。

1. 把男士介绍给女士

这是"女士优先"精神的具体体现,反映了对女性的尊重。例如:"邓晓琼,这是我过去常跟你提起的我的好朋友李刚,他在广东机械技师学院读书。"

但有种情况是例外,当女士面对的是长辈或尊贵的人物时,要先介绍长辈或身份地位尊贵的客人。例如:"赵老师,这是我的同学邓晓琼……"

2. 把晚辈介绍给长辈

应事先考虑被介绍人双方的年龄差异,以长者为尊。例如:"王伯伯,我来介绍一下,这是我的技校同学李成林,今天特意慕名来拜访您。"

3. 把职位低者介绍给职位高者

这种情况适用于比较正式的场合,特别适用于职业相同的人士之间。例如:"张总,这就是豪特公司的销售部经理王晓文。别看他才二十多岁,干销售都三四年了。"

4. 把未婚者介绍给已婚者

它仅仅适用于介绍人对被介绍双方非常了解、熟悉的前提下。如果拿不准,可以选择从其他角度进行,要慎用这种方法。"顾兄,我来给您介绍一个年轻的帅哥——赵立威。他人帅嗓子亮,算得上真正的黄金单身汉!有机会,老兄把你们银行里的美女给介绍一个,怎么样?"

5. 把客人介绍给主人

它适用于来宾众多的场合,尤其是主人未必与客人个个相识的时候。若要把客人介绍给父母,则应该先介绍给母亲。如果在客人之间进行介绍,一般是把晚到的客人介绍给早到的客人。例如:"妈妈,爸爸,这就是王亚玲,我在学校里最好的同学,也是睡在我下铺的姐妹!告诉你们,我在广州念书的时候,亚玲姐特别照顾我!"

但是,交际中的介绍有时会遇到交叉两难的情况,需要灵活掌握。

三、居间介绍要讲究礼仪

1. 可适当使用溢美之词,但不能过于夸张

例如:适当的赞美介绍"这位是李梦回,是我们班的大才女。";过于夸张的介绍"这位是张清,是我们学校的大明星,特别出名,没有人不认识他。"

2. 介绍人要注意形体礼仪

介绍他人时,一般应起立,面带微笑,手掌朝上示意,四指并拢,拇指张开,胳膊略向外伸,指向被介绍的一方,并向另一方点头微笑。但切不可用食指指指点点。

3. 多用尊称和敬语

介绍时多使用尊称、谦敬词,如"请允许我向您介绍……"。介绍的话语应热情洋溢,切记冷冰冰的,更不可伤害被介绍人的尊严。

实训练习

1. 讨论

案例1:

"我来给两位介绍一下吧,这位是机械技师学院的学生李莉,这位是天龙公司的行政主

管王海先生。"

"我来给两位介绍一下吧,这位是天龙公司的行政主管王海,这位是机械技师学院的学生李莉。"

想一想

这两个居间介绍哪一个是正确的?为什么?

案例2:

约翰·梅森·布朗是一位作家兼演讲家。一次他应邀在某地演讲,被会议主持人做了这样的介绍:"先生们,请注意了。今天晚上我给你们带来了不好的消息。我们本想邀请伊赛卡·F·马科森来给我们讲话,但他来不了,病了。下面,我们有请约翰·梅森·布朗为我们作演讲。"

思考:(1)这样的介绍是否合适?

(2)如果当天是你主持,你如何介绍约翰·梅森·布朗先生?

2. 强化训练

张云和朋友赵波一起去听李方云老师的一个校内有关汽车技术的公开讲座。赵波对讲座很感兴趣,想与李老师有进一步的交流。由于李老师曾经给张云所在班上过课,认识张云,因此赵波想让张云在会后把自己介绍给李老师。

如果你是张云,你会怎样介绍两人认识呢?

要求:

先请几位同学面向全班进行模拟表演,然后展开全班讨论,看看哪一种做法更好,说出理由。

3. 思考实践

请根据下列情景(也可自己设计),由同学扮演不同的角色进行居间介绍。

- 与家人外出,路遇家人不相识的同事或朋友。
- 本人的接待对象遇见了其不相识的人士,而对方又跟自己打了招呼。
- 在家中或办公地点,接待彼此不相识的客人或来访者。
- 打算推荐某人加入某一方面的交际圈。
- 受到为他人做介绍的邀请。
- 陪同上司、长者、来宾时,遇见了其不相识者,而对方又跟自己打了招呼。
- 陪同亲友前去拜访亲友不相识者。

学习评价

序　号	内　容	评　价				备　注
		完全掌握	基本掌握	较多不懂	未能掌握	
1	居间介绍的语言技巧					
2	居间介绍的顺序					
3	居间介绍的礼仪					

项目二 交 谈

任务一 倾听

学习目标

1. 了解倾听的类型和特征。
2. 了解倾听的内部和外部障碍。
3. 掌握克服倾听障碍的有效策略。

技能要求

1. 能积极运用有效策略克服倾听障碍。
2. 能运用倾听的技巧,提高倾听的技能。

会说话者,往往善于倾听——能听清、听懂对方的意思,尤其是话外之意、弦外之音,也就是俗话说的"听话听声,锣鼓听音"。

倾听是口语交际当中获取信息的重要手段。在人们日常的语言活动中,"听"占45%,"说"占30%,"读"占16%,"写"占9%。可见,在听说读写之中,"听"占的比例最大,人们几乎用一半的时间在"听"。所谓倾听,就是用耳听,用眼睛观察,用嘴提问,用脑思考,用心灵感受。换句话说,倾听就是对信息进行积极主动的搜寻的行为。

有人说:"会倾听的人到处受到欢迎。"懂得倾听的人,才会获得朋友,因为你分担了他的烦恼;懂得倾听的人,是善解人意的人,因为你知道对方想要什么,在交谈中慎言,不伤害自己,也不伤害别人;懂得倾听的人,是受人尊重的人,因为你认真倾听他人言语,代表你对他人的尊重,同时你也赢得了别人的尊重;懂得倾听,才能让你更深刻地了解他人,也了解你自己,客观地、辩证地看待自己,你才能取他人之长,去自己之短。有效的倾听是可以通过学习来获得的技巧。

案例导入

案例1 由于服务人员没有对顾客的询问"对症下药",导致沟通失败,引起一场纠纷。

一位商场金卡顾客到收银台持卡消费。
顾客问:"金卡积了分没有?"
收银员答:"交款时才能积分。"
顾客又问:"积进去了没有?"
收银员答:"已经输进电脑中,看收据上的内容就知道了。"
顾客又问:"到底积了分没有?"
收银员答:"你可以直接到总台贵宾厅查询。"
连问三遍,还是得不到准确的答案,顾客勃然大怒……

思考:(1)顾客为什么会生气?
(2)顾客关心的是什么问题?

参考:单看三次回答的内容,毫无疑问,收银员都没给予肯定、明确、正面的答复,仅仅是站在自己工作的角度客观地介绍积分的过程。其实,积分是否进入金卡才是顾客关心的。"是的,金卡已经积了分。"一句话便可化解无谓的争辩与纠纷。

与人打交道,首先就要学会倾听,这是成功沟通的前提。耐心地倾听顾客的需求,揣摩顾客的心理变化,就可以抓住销售契机,实现良性互动。

服务人员对顾客越是体贴入微,顾客越会对你有所回报。

一、听的五个层次

根据卡内基训练的架构,听的层次由低到高分为五层,分别是完全漠视的听、假装在听、选择性的听、积极换位思考的听和专业咨询的听。

(1)完全漠视的听,是最糟糕的听,连耳朵都没有打开。这种层次的倾听导致的是关系的破裂、冲突的出现和拙劣决策的制定。

(2)假装在听,则是耳朵打开了,却没有打开心、脑,所以,别人的谈话就从左耳进、右耳出。在这个层次上,听者主要倾听所说的字词和内容,但很多时候,还是错过了讲话者通过语调、身体姿势、手势、脸的表情和眼神所表达的意思。这将导致误解和错误的举动,时间的浪费和对消极情感的忽略。

(3)选择性的听,在先入为主的观念中,只听自己想听的部分。自己感兴趣就听,对方谈的与自己意见不同、自己不感兴趣时就厌烦,不予理睬。

上述三种层次的听,都不合格,都不是倾听,但工作、生活中,约有70%的人是属于这三种类型。

(4)第四种是积极换位思考的听,就是对方讲话的时候,眼神能看着对方,专注地听,并且撇开成见,站在对方立场思考。这种倾听不但可以听到事实,还可以听到对方的心理。而往往,这种心理层面等非语言透露出来的信息,远比话语更重要,积极换位思考的听所传递的信息是听者听清并理解了讲话者的内容。

(5)第五种是专业咨询的听,这种倾听受过专业训练。例如,美国心理治疗师经过3000小时的学习才能拿到执照。这种倾听技巧能在对方不愿表达底层意见时,通过技巧询问使对方讲出来,并且解决问题。

好的倾听者特性	差的倾听者特性
1. 适当地使用目光接触	1. 打断讲话者（不耐烦）
2. 对讲话者的语言和非语言行为保持注意和警觉	2. 不保持目光接触（眼神迷离）
3. 容忍并且不打断	3. 心烦意乱，不注意讲话者
4. 使用语言和非语言来表示回应	4. 对讲话者不感兴趣
5. 用不带威胁的语气来提问	5. 很少给讲话者反馈或根本没有（语言和非语言）反馈
6. 解释、重申和概括讲话者内容	6. 改变主题
7. 提供建设性（语言和非语言）的反馈	7. 做判断
8. 移情（起理解讲话者的作用）	8. 思想封闭
9. 显示出对讲话者外貌的兴趣	9. 谈论太多
10. 表现关心的态度，并愿意倾听	10. 自己抢先发言
11. 不批评，不判断	11. 忙得顾不上听
12. 敞开心扉	12. 给不必要的忠告

问题讨论：经常有一些学生会说，哪些教师的课好听，哪些教师的课不好听，如果不好听，他就不听了，认为"没有意思，是浪费时间"。当然，教师讲课的艺术性有差别，当教师讲课的艺术性不够时，听者可能就提不起精神。

从倾听者的角度来分析，为什么课会分为好听和不好听，或者课的有些部分好听，有些部分不好听？

二、排除倾听障碍

1. 环境障碍

环境之所以影响倾听，是因为环境能产生两个方面的作用：

第一，干扰信息的传递过程，使信息信号产生消减或歪曲。

第二，影响倾听者的心境。

2. 倾听者障碍

倾听者本人在整个沟通过程中有举足轻重的作用。倾听者理解信息的能力和态度直接影响倾听的效果。来自倾听者本身的障碍主要归纳为以下两类：

第一，倾听者的理解能力。倾听者的知识水平、文化素质、职业特征及生活阅历往往与他本身的理解能力和接受能力紧密联系在一起，具有不同理解能力的倾听者必然会有不同的倾听效果。

第二，倾听者的态度。除了倾听者的理解能力之外，倾听者的态度也构成倾听中的障碍。这些态度主要有以下几种。

（1）拒绝倾听。只和自己喜欢的人或意见一致的人讲话，偏心与自己观点相同的人。

（2）用心不专。三心二意、心不在焉是这种情况的典型表现。

（3）急于发言。人们都有发言的倾向。在这种思维习惯下，人们容易在他人还未说完的时候，就迫不及待地打断对方，或者心里早已不耐烦了。

（4）心理定式。由于人都有根深蒂固的心理定式和成见，很难以冷静客观的态度接受说话者的信息，这也会大大影响倾听的效果。

（5）感到厌倦。由于思维的速度和倾听的速度的差距，人们很容易在倾听时候感到厌倦，思维往往会在空闲时"寻找"一些事做，或者停留在某处，拒绝进一步思考。这是一种不良的倾听习惯。

（6）消极的身体语言。在倾听的时候东张西望，双手交叉抱在胸前，翘起二郎腿，甚至用手不停地敲打桌边，这些动作都会被视为发出这样的信息："你有完没完？我已经听得不耐烦了。"这些消极的身体语言都会大大妨碍倾听的质量。

案例2　一段父子之间的对话

儿子：上学真是无聊透了。

父亲：怎么回事？

儿子：学的都是些不实用的东西。

父亲：现在确实看不出好处来，我当年也有同样的想法，可是现在觉得那些知识还挺有用的，你就忍耐一下吧！

儿子：我已经耗了十年了，难道那些 $x+y$ 能让我学会修车吗？

父亲：修车？别开玩笑了。

儿子：我不是开玩笑，我的同学王明辍学学修车，现在月收入不少，这才有用啊！

父亲：现在或许有用，以后他后悔就来不及了。你不会喜欢修车的。好好念书，将来不怕找不到更好的工作。

儿子：我知道，可是王明现在很成功。

父亲：你已经尽全力了吗？这所高中是名校，应该差不到哪里去。

儿子：可是同学们都有同感。

父亲：你知不知道，把你养到这么大，我和你妈牺牲了多少？已经读到高二了，不许你半途而废。

儿子：我知道你们牺牲很大，但是不值得。

父亲：你应该多读书，少看电视。

儿子：爸，哎……算了，多说也没有什么用。

思考：

（1）父子俩的对话是否成功？

（2）如果不成功，是谁造成的？错在哪里？

参考：

父子俩的对话显然是失败的，父亲至少犯了以下四种错误：

（1）价值判断——对旁人的意见只有接受与不接受。

（2）追根究底——以自己的价值观来探查别人的隐私。

（3）好为人师——以自己的经验提供忠告。

（4）想当然——根据自己的行为动机来衡量别人的行为与动机。

三、倾听进阶的七原则

（1）用自己的语言重述对方观点，而非模仿或照搬。

（2）重述对方观点时，应在句首使用"你觉得……""你认为……""你的想法似乎是……""听起来好像……"等引导语。随着技巧的提升，可以逐渐放弃这样的句型。

（3）以陈述而非提问的方式组织语言，清楚地表达自己的反应。

（4）如果对方讲话的过程中有短暂停顿，不应着急插话。

（5）对方若是表达了多种情绪与想法（比如在较长篇幅的演说中），应只对其最后表述的情绪做出回应。

（6）只对讲话人确切表达出来的意思做出回应，不要擅自将其意图引申开去，即使你自认为理解无误。

（7）当对方的前后两次讲话有矛盾时，应只对最近一次的话做出回应。这些前后不一致的地方是由于讲话人情绪发展或自我反省而造成的。

如果你想帮对方弄清楚自己的情绪与想法，就应该避免给他"赞成"或"不赞成"的暗示。特别是当对方感到焦躁不安时，应避免向对方提问、求证，不要责备和做解释，不要向他提建议或进行劝说，也不要向对方打包票和表示同情。重要的是，应认可他的情绪。

案例3 一段父子之间的对话2

同样是父子间的对话，我们来看看如何用同理心来倾听。

儿子：上学真是无聊透了。（我想引人注意，与人谈谈心。）

父亲：你对上学有很深的挫折感？（对，这正是我的感觉。）

儿子：学的都是些不实用的东西。（我在学校有了问题，心里好烦。）

父亲：你觉得读书没有什么用？

儿子：对，学校的东西对我不一定有用。你看王明，他现在修车技术一流，这才实用。

父亲：你觉得他的选择是正确的？

儿子：嗯，从某个角度看，的确如此。现在他的收入很高。可是几年以后，也许会后悔。

父亲：你认为他将来会后悔现在的决定？

儿子：一定会，现在的社会里，教育程度不高会吃亏的。

父亲：教育很重要。

儿子：对，如果高中都没毕业，一定找不到好工作，也上不了好大学。有一件事……我真的很担心，你不会告诉妈妈吧？

父亲：噢，你不想让妈妈知道？

儿子：不是啦，跟她说也无妨，反正她早晚也会知道的。今天学校举行阅读能力测验，结果我只有小学程度，可是我已经高二了。（儿子终于吐露真言，原来他担心阅读不如别人。此时才是父亲发挥影响、提供意见的时候。不过在开导过程中，依然要注意孩子的言谈间所传达的信息。如是合理的反应不妨顺其自然，但情绪性反应出现时，必须仔细聆听。）

父亲：我有个构想，也许可以通过补习加强阅读能力。

儿子：我已经打听了，可是每星期要耗好几个晚上！（父亲意识到这是情绪性反应，又恢复同理心倾听。）

父亲：你觉得补习的代价太高？

儿子：哦，我已经答应了同学，晚上另有活动。

父亲：你不想食言？

儿子：不过补习如果真的有效，我可以想办法跟同学改时间。

父亲：你其实是很想下功夫，但又担心补习没有用处？

儿子：你觉得会有效果吗？

（孩子又恢复了理性，父亲则再次扮演导师角色。）

思考：
（1）父子俩的对话是否成功？
（2）如果成功，主要表现在哪些地方？

参考：
同理心倾听的父亲做到了以下几点。

专注——倾听内容的同时倾听情感，集中并概括所听到的信息。

负责——全心关怀对方这个完整的人，通过提问来确保理解正确。

移情——尊重对方的价值观，不要让自己的价值观凌驾于对方之上，避免任意批评对方，把自己置于说话者的位置上，努力去理解说话者想表达的含义。

接受——客观地倾听内容而不做判断。

少建议——唯有理解才能提出建议，没有理解的建议，只会伤害对方。

实训练习

1. 问一问自己

每个人都不时在倾听中失误。你可能也认识一些极好的倾听者和几乎不倾听的人。

为了查出你是何种类型的倾听者，问自己如下问题，用"常常""有时"或"从不"来回答每个问题。

（1）你曾经做错作业，而你班上的其他人都正确吗？
（2）你曾经要求老师重新解释他（她）在班上留下的作业吗？
（3）你曾经因为没有仔细听某人指路而迷路吗？
（4）你的同学曾经因为你问一个刚刚解答过的问题而嘲笑你吗？
（5）你曾经问过一个经讨论没什么必要问的问题吗？
（6）你曾经由于受到某事的干扰而没有很好地倾听吗？
（7）你曾经因为没有倾听而受到指责吗？
（8）当你需要见到某人时，你曾经由于忘记别人指的路而发现去了错误的地方吗？
（9）你曾经让别人告诉你位置却还找不到要找的东西吗？

对这些问题，你有多少次回答"常常""有时"？

关于你的倾听方式，你的回答告诉你了什么？

2. 悄悄告诉他

训练目标：理解倾听的重要性及倾听的障碍。

参加人数：每组10人，可有3～4组。

准备工具：写着传话内容的纸条。

过程：

（1）每组10人排成一列，由第一个人来领纸条，记住上面的话并保留纸条。
（2）第一个人将记住的话低声耳语给第二个人，第二个人将听到的话低声耳语给第三个人，如此重复，直到第十个人。
（3）第十个人将听到的话写在另一张纸条上。
（4）比较这两张纸条的差别。

问题讨论：
（1）传话游戏的倾听障碍是如何形成的？
（2）如何克服倾听的障碍？

学习评价

序　号	内　容	评　价				备　注
		完全掌握	基本掌握	较多不懂	未能掌握	
1	听的层次					
2	排除倾听障碍					
3	倾听进阶的七原则					

任务二　说服

学习目标

1. 学生能了解说服的原则。
2. 学生能掌握说服的技巧。

技能要求

1. 学生能运用得体的语言表达自己的观点、想法。
2. 学生能了解和感悟说服的策略和技巧，态度真诚地说服别人。

在学习、工作和生活中，我们常常希望把自己的观点、想法和思路准确有效地传达给某些人，并且需要对方能够接受我们的意见或建议，然后付诸实施，这个过程就是说服。提高职业沟通能力在很大程度上就是提高说服别人的能力。

案例导入

案例 1　有个男孩想让妈妈给他买一条牛仔裤，但他怕被拒绝，因为自己已经有一条牛仔裤了。他没有像其他人一样苦苦哀求妈妈，或者撒泼耍赖，而是一本正经地对妈妈说："妈妈，你见过一个孩子，他只有一条牛仔裤吗？"

这颇为天真而略带计谋的问话却一下子打动了妈妈。事后，这位妈妈谈到自己的感受时说："儿子的话让我感觉，若是我不答应他，就有点对不起他了。"

思考：你在生活、学习中有过说服他人的经历吗？欢迎你分享出来。

一、说服的技巧

1. 调节气氛，以退为进

在说服时，你首先应该想方设法调节谈话的气氛。如果你和颜悦色地用提问的方式代替命令，并给人以维护自尊和荣誉的机会，气氛就是友好而和谐的，说服也就容易成功；

反之，在说服时不尊重他人，拿出一副盛气凌人的架势，那么说服多半是要失败的。毕竟人都是有自尊心的，就连三岁孩童也有他们的自尊心，谁都不希望自己被他人不费力地说服而受其支配。例如：

有一位老师接管了一个班的班主任工作，正好赶上学校安排各班级学生参加平整操场的劳动。这个班的学生躲在阴凉处谁也不肯干活，老师怎么说都不起作用。后来这个老师想到一个以退为进的办法，他问学生们："我知道你们并不是怕干活，而是都很怕热吧？"学生们谁也不愿说自己懒惰，便七嘴八舌地说确实是因为天气太热了。老师说："既然是这样，我们就等太阳下山再干活，现在我们可以痛痛快快地玩一玩。"学生一听就高兴了。老师为了使气氛更热烈一些，还买了几十个雪糕让大家解暑。在说说笑笑的玩乐中，学生接受了老师的说服，不等太阳落山就开始愉快地劳动了。

2. 争取同情，以弱克强

渴望同情是人的天性，如果你想说服比较强大的对手时，不妨采用这种争取同情的技巧，从而以弱克强，达到目的。例如：

有一个15岁的山区小姑娘，不幸被拐到上海。当天晚上，天下着小雨，小姑娘的房门打开了，一个中年人走了进来。小姑娘的心跳到了嗓子眼儿。不过，她还是很快地镇静下来，机智地叫了声："伯伯！"中年人一愣，人像是被魔法定住了似的。小姑娘小心翼翼地说："我一看伯伯就是好人，看你的年龄，与我爸差不多，可我爸就比你苦多了，他在乡下种田，去年栽秧时，他热得中暑……"说着说着，眼泪就哗哗地流下来。中年人的脸涨得通红，短暂的沉默后，低低地说了一句："谢谢你，小姑娘。"然后开门走了。

面对强壮的大人，何不让自己显得更弱小，来激发他的同情心呢？聪明的小姑娘正是这样做的。一句"伯伯"，一下子拉开了两人年龄距离，让他不由得想起自己那同样处于花季的儿女。同情的种子开始在他心头萌发了。接着小姑娘又不失时机地给他戴上一顶"好人"的帽子，诱导他的心理向"好人"标准看齐。用爸爸和他对比，进一步强化了他的同情心理。

3. 善意威胁，以刚制刚

很多人都知道用威胁的方法可以增强说服力，而且还不时地加以运用。这是用善意的威胁使对方产生恐惧感，从而达到说服目的的技巧。例如：

在一次集体活动中，当大家风尘仆仆地赶到事先预订的旅馆时，却被告知当晚因工作失误，原来订好的套房（有单独浴室）中竟没有热水。为了此事，领队约见了旅馆经理。

领队：对不起，这么晚还把您从家里请来。但大家满身是汗，不洗澡怎么行呢？何况我们预定时说好供应热水的呀！这事只有请您来解决了。

经理：这事我也没有办法。锅炉工回家去了，他忘了放水，我已叫他们开了集体浴室，你们可以去洗。

领队：是的，我们大家可以到集体浴室去洗澡，不过话要讲清，套房一人50元一晚是有单独浴室的。现在到集体浴室洗澡，那就等于降低到通铺水平，我们只能照通铺标准，一人降到15元付费了。

经理：那不行，那不行的！

领队：那只有供应套房浴室热水。

经理：我没有办法。

领队：您有办法！

经理：你说有什么办法？

领队：您有两个办法：一是把失职的锅炉工召回来；二是您可以给每个房间拎两桶热水。当然我会配合您劝大家耐心等待。

这次交涉的结果是经理派人找回了锅炉工，40分钟后每间套房的浴室都有了热水。

二、巧妙地说服和影响别人

1. 如何巧妙地说服别人

当你说一些有利于自己的事情时，人们通常会怀疑你和你所说的话，这是人的本能的一种表现。当你以另一种方式说有利于自己的事情时，却可以大大消除这种怀疑。对于你来说，更好的方式就是：不要直接阐述，而是引用他人的话，让别人来替你说话，即使那些人并不在现场。例如：

如果有人问你，这种产品是否耐用，你可以这样回答他："我的邻居已经用了4年了，仍然好好的。"事实上，是你的邻居为你有效地回答了这个问题，尽管你的邻居并不在旁边。

如果你正在申请一个职位，未来的老板正犹豫你能否胜任这个工作，你可以谈一谈你以前的老板对你的工作是多么满意。

如果你正在说服一个人租用你的住宅，而他对周围环境是否安静表示担心，你可以提及上一位租户对安静的环境大加赞赏。

在以上的这些例子里，你不必直接回答问题。你的邻居，你过去的老板，你过去的租户会为你回答问题。

跟你谈话的人将会得到比你直接回答更加深刻的印象。

人们通常很少怀疑你间接描述的真实性。然而，当你直接说出来时，他们就会深表怀疑。因此，要通过第三者的嘴去讲话。

引述别人的话，运用成功的故事，引用事实和统计数据。

2. 如何巧妙地影响别人

每个人都是独特的，我们的喜好不同，我们对事物有不同的看法。千万别误认为，你喜欢什么别人也喜欢什么，你追求什么别人也追求什么。要影响别人，首先就要投其所好。

和别人说他们想听的东西，他们就会感动。你只须简单地向他们说明，只要做了你要求他们做的事情之后，他们便可以获得他们想要的东西。这是个影响他人的诀窍。这意味着用你的话去击中目标。当然，你必须知道目标在哪里。例如：

把这一原则运用于实际生活中。假设你正在申请一份自己非常渴望的工作，你首先应了解做这项工作所需的能力、责任和义务，以便于向他们表示你可以胜任。如果他们需要一个做销售的人，你就必须表示你具备做销售的能力，并且也有相关的销售经验；如果他们需要一个懂机电的技术工人，你就必须充分地展示你的专业能力。

"了解人们所想"的方法是：多询问，多观察，多聆听，再加上自己的不懈努力。

三、说服的注意事项

（1）要言之有理。说服别人的过程实际上是促使对方放弃原有的打算和意见，认同自己的观点，从而实现思想上与行动上大转折的过程。因此，在做工作时，不能强词夺理，只能摆事实；不能搞专制，只能讲道理；不能目中无人，必须让其从思想上认识。此外，人们对于经过自己头脑思考发现的真理更坚信不疑。所以，在说服时最好同被说服者一起来推理，共同探讨，让他把你的意见、主张当作自己寻求的答案，自愿接受，自动就范。

（2）要言之有威。不卑不亢，这是成功说服对方的真谛之所在。在进行说服时，既不要轻描淡写，也不能草率从事，更不能盛气凌人，以势压人，要认真对待，做到刚柔相济。同时，要揣摩对方心理，有的放矢地针对其症结所在进行劝说，或让其抛掉后顾之忧，或让其认识其利弊，促使其心服口服，做出符合你的观点的选择，从而达到说服的目的。

（3）要言之有情。"感人心者，莫先乎情。"通情才能达理。感情是沟通的基础，要想说服他人，必须跨越这一座桥，才能攻破对方的心理堡垒，征服对方。在说服时，用感情色彩浓厚的语言，去进行绘声绘色地诉说，易令人感到亲切可信，引发情感上的共鸣，从而为对方接受道理扫清障碍、铺平道路。此外，要站在对方的立场上，多为对方考虑一些，自然能用真情打动对方，用真诚说服对方。

（4）要言之有趣。幽默而风趣的话语，能增强语言的感染力，常常能给人以轻松、随和、愉快的感觉，并能为交际创造一个良好的氛围，自然也更能博得对方好感，使对方易于接受你的意见。

实训练习

1. 自我评估

（1）回答下列问题

① 在说服他人时你是否经常使用第二人称（您，您的，您们）而避免使用第一人称（我，我的，我们）？

② 你是否能避免使用那种陈词滥调和缺乏热情的问候，代之以更有说服力的语言？

③ 你是否能避免使用一些陈旧的用语，诸如"无法置信""令人敬畏""我们私下里讲""这是千真万确的"或"您理解我的意思吗？"

④ 你是否能避免价值判断的短语和句子，诸如"您应该""您必须"？

⑤ 你是否能避免使用那些没有意义的句子，诸如"您今天感觉如何？""您现在怎么样？""天气真好啊。"

⑥ 你是否能避免冒着中断关系的危险来赢得一次无谓的争论？

⑦ 在得出结论之前你是否完全领会了对方的意思？

⑧ 在说服别人时，你是否能保持足够的耐心？

⑨ 你在说服别人时是否能避免过多谈论关于自己知道的事情？

⑩ 你是否能避免对那些和蔼和热心的人谈得太多？

（2）评估标准：

0分：从来不；1分：偶尔；2分：经常；3分：总是。

如果你的分数在15分或者15分以下，那么你要彻底改变你和别人的交流方式；如果你的分数在18分或者18分以上，要注意使用更有力和更富说服力的语言；如果你的分数在 23 分或者 23 分以上，那么你做得不错；如果你的分数在 25 分或者 25 分以上，那么你只须继续保持，毫无疑问，你是一个非常具有说服力的人。

记住，对你得分相对低的问题，请你抄下来贴在桌上，每天看一看，至少持续 21 天，这样将有助于提高自己，你将意识到自己在哪里需要改进。

2. 案例讨论

以下案例中的成功与失败，对你有什么启示？

某家用电器公司的推销员挨家挨户推销洗衣机，当他到一户人家里，看见这户人家的太太正在用洗衣机洗衣服，就忙说："洗衣机太旧了，用旧洗衣机是很费时间的。太太，该换新的啦……"结果，不等这位推销员说完，这位太太马上驳斥道："你在说什么啊！这台洗衣机很耐用的，到现在都没有出现过什么故障，新的也不见得好到哪儿去，我才不换新的呢！"

过了几天，又有一名推销员来拜访。他说："这是台令人怀念的旧洗衣机，因为它很耐用，所以对您有很大的帮助。"这位太太非常高兴，她说："是啊！这倒是真的！我家这台洗衣机确实已经用了很久，是太旧了点儿，我倒想换台新的洗衣机！"于是推销员马上拿出洗衣机的宣传小册子，提供给她做参考。

分组讨论后，请同学们分析两位推销员在说服这位太太买洗衣机这件事情上有什么不同，你受到什么启发？

学习评价

序 号	内 容	评 价				备 注
		完全掌握	基本掌握	较多不懂	未能掌握	
1	说服的技巧					
2	巧妙地说服和影响别人					
3	说服的注意事项					

任务三　赞美

学习目标

1. 学生能认识到赞美在人际交往中的作用。
2. 学生能明确赞美的原则。
3. 学生能掌握赞美的技巧。

技能要求

1. 能学会发现他人的优点。
2. 能运用赞美的原则与技巧赞美他人。

3. 学会用真诚、积极的态度赞美他人。

要建立良好的人际关系，恰当地赞美他人是必不可少的。莎士比亚说过这样一句话："赞美是照在人心灵上的阳光。没有阳光，我们就不能生长"。马克·吐温曾夸张地说过一句话："只凭一句赞美的话，我就可以多活两个月。"赞美是发自内心的对于自身所支持的人、事、物表示肯定的一种表达，是人际交往中最好的润滑剂。

 案例导入

案例1 1921年，美国钢铁大王卡内基出100万美元的超高年薪聘请一位执行长。众多的报名者中，一个叫夏布的不起眼的年轻人最终被卡内基锁定。许多人表示质疑："为什么偏偏是他？"卡内基说："因为他最会赞美别人，这是他最值钱的本事，却是你们最缺乏的一种能力。"后来，夏布成为卡内基最为得力的事业助手之一，得到公司上下一致的认同与尊重。

思考：赞美有什么样的作用？

一、赞美的作用

1. 赞美能使他人满足自我的需求

心理学家马斯洛认为，荣誉和成就感是人的高层次的需求。人类本质中最殷切的需求就是渴望被肯定。使人将自身能力发挥至极限的最好方法就是赞扬和鼓励。中国还有一句古语——"士为知己者死"：古时荆轲受燕太子丹赏识，愿意为他刺杀秦王，虽然明知必死无疑，还是愿意赴汤蹈火，只是因为太子丹的赏识。

2. 人人需要赞美

欣赏和赞美可以让你获得真挚的友谊和良好的人际关系，帮助你取得事业成功。当我们赞美别人时，也给予了对方最珍贵的礼物——自信。美国心理学家罗森塔尔考查某校，随意从每班抽3名学生共18人写在一张表格上，交给校长。他极为认真地说："这18名学生经过科学测定全都是智商型人才。"事隔半年，罗森塔尔又来到该校，发现这18名学生的确超过一般人，进步很大，再后来这18人全都在不同的岗位上干出了非凡的成绩。

事实上，这张名单完全是随机抽取的，通过这种权威性的谎言暗示教师，并随之将这种暗示传递给学生。尽管教师们悄悄地将这份名单藏在心底，可还是在不知不觉中通过眼神、微笑、言语等途径，将掩饰不住的期望传递给名单上的学生。

这就是著名的"皮格马利翁效应"，也称为"罗森塔尔效应"或"期待效应"。

讨论：在生活中，你赞美过他人吗？你们接受过其他人的赞美吗？请大家回忆，在自己的成长过程中，印象最深刻的一次赞美（可以是得到他人的赞美，也可以是赞美他人的）。在赞美中，你收获了什么？

二、赞美的技巧

1. 以小见大

从细微处发掘赞美者身上的那些潜在的、难以被人看见的亮点，并给予真诚的赞美，往往会收到意想不到的效果。

有一次，几个朋友到小林家聚会，有人带来了一位新朋友孙女士，作为主人的小林自然过来打招呼，与她坐在一起。初次见面，寒暄过后一时无语，但很快小林就发现孙女士虽然说不上漂亮，可她的皮肤特别白嫩，光彩照人。于是，小林羡慕地说："您的皮肤真美，又白又嫩还有光泽，配上这荷花色的旗袍、银灰色的小天鹅胸针，时尚而不俗气……"话刚说完，孙女士眼里一亮，两人从保养皮肤谈起，聊得十分投机。小林从细微处去赞赏对方的审美情趣，别具一格又切合实际，让人从中感受到赞美者的用心和诚恳，友谊的大门也就因此打开。

2. 比较达意

用一些美名远播的人和事同你想要赞扬的对象做比较，找出两者的共同点去赞美，这样的赞美显得自然而内涵丰富。

有一次，当教师的小秦拜访一位刚刚结识的同行。这位刘老师因自己家窄小简陋而面有尴尬之色，连说"家里太简陋，招待不周"之类的话。小秦觉得他家里虽不宽敞，但藏书颇丰，让人仿佛置身于浩瀚文海；窗台上那盆君子兰含苞待放，令人心旷神怡。

小秦诚恳地说道："你这可太谦虚了。当年陶渊明'采菊东篱下，悠然见南山'，刘兄是'养兰窗台上，南山在心间'啊，虽说起居简单却别有一番清雅格调。而你这儿也是藏书丰富的书香之家，'斯是陋室，惟吾德馨'，何陋之有呢？"刘老师非常高兴，两人打开话匣子，畅谈起来。小秦把刘老师的'养兰'与陶渊明的'采菊'做类比，夸赞了他的高雅情趣，又把刘老师的"书香之家"与刘禹锡的"陋室"做类比，赞美了他的高尚情操，话说得适合对方的身份和性格，显得自然贴切，恰到好处。

3. 设喻传情

用比喻的方法，表达赞美别人之意。只要比喻得当，话语就生动形象，还常常会新颖有趣。

张祥的朋友大同和小玉经过五年的"苦恋"，终于修成了正果，走进婚姻的殿堂。在他们的婚宴上，张祥举杯祝酒时，风趣地说："当年这对新人初识时，就像两条虫！"一语既出，满座皆惊，就连新人也不由得一愣。在这大喜之时，怎么不恭维几句吉利话？张祥却不慌不忙地接着说道："不过他们不是普通的虫，而是两只'春蚕'。古人说'春蚕到死丝方尽'，祝你们像春蚕一样把思念进行到底，忠贞不二！蚕是要化蝶的，祝你们像两只彩蝶，在百花丛中翩翩起舞，永远快乐！"大家鼓掌喝彩，一对新人格外兴奋。张祥打了个比喻，贴切新颖，将千人一腔的套话讲得跌宕起伏，皆大欢喜。

4. 明贬实褒

即正话反说，表面上看是否定，其实是在逆向地肯定和赞美。这种讲法会给人出其不意之感，比正面的褒扬更能让人铭记在心。

朱大姐是公司的出纳，"公司十大突出贡献人物"候选人榜上有名。公示榜出来后，员工们在榜前议论纷纷，朱大姐是工会委员，也来到人群中听取意见。供销处的小吴当着朱大姐的面就提起意见来："朱大姐，你呀，真是铁公鸡——一毛不拔哇！我去年出差去深圳，赶时间买了一张软卧票，回来后软磨硬泡，你这铁公鸡就是不给报。你老公王处长，去上海接客户，开洋荤住了一晚总统套房，回来后还是被铁公鸡卡住了。我们供销处对朱大姐相当不满意呀！"大家一听都乐了，七嘴八舌夸起朱大姐坚持原则的好作风来。小吴正话反说，明贬实褒，以这种方式说赞美的话，显得诙谐、别致，平添了许多生活情趣。

三、赞美的注意事项

1. 态度要真诚

虽然人人都喜欢听赞美的话，但并非任何赞美都能使对方高兴。能引起对方好感的只能是那些符合事实、发自内心、实事求是的赞美。真诚的赞美不但会使被赞美者产生心理上的愉悦，还能让别人对你产生好感。赞美和阿谀奉承是不同的，两者的区别在于前者出于真心诚意，后者则是虚情假意；前者发自内心，后者心口不一；前者为他人喜欢，后者令人厌恶。因为阿谀奉承是在讨好、吹捧别人，别有用心，当然会被人轻视和唾弃。

2. 内容要具体

在日常生活中，人们取得突出成绩的时候并不多见。因此，交往中应从具体的事件入手，善于发现别人最微小的长处，并不失时机地给予赞美。赞美用语越翔实具体，说明你对对方越了解，对他的优势和亮点越看重。让对方感到你的真挚和可信，从而产生亲近效应。

3. 时机要恰当

第一时间送上赞美，赞美是有有效期的，过期作废，赞美别人要真诚而及时。当别人计划做一件有意义的事时，开头的赞扬能激励他下决心做出成绩；中间的赞扬有益于对方再接再厉；结尾的赞扬可以肯定成绩，指出进一步的努力方向，从而达到"赞扬一个，激励一批"的效果。

4. 对象因人而异

人的素质有高低之分，年龄有长幼之别，性别有男女之异。因人而异、突出个性、有特点的赞美，比一般化的赞美能收到更好的效果。老年人总希望别人不忘记他"想当年"的业绩与雄风，同其交谈时，可多称赞他引以为豪的过去；对年轻人不妨语气稍微夸张地赞扬他的创造才能和开拓精神，并举出几点实例证明他的确能够前程似锦；对于经商的人，可称赞他头脑灵活，生财有道；等等。

讨论：

元旦联欢会上，张军唱了一首《青花瓷》，唱得虽然很投入，但明显跑调了。同学们都鼓掌表示鼓励。王华和李梅对张军进行了赞美。

王华对张军说："张军，你唱得太棒了，你真是个音乐奇才呀！"

李梅对张军说："张军，你唱得认真又投入，你是好样的！"

思考：你更欣赏哪种赞美？为什么？

实训练习

赞美大行动

1. 活动目标

（1）学习发现别人的优点并加以赞赏，促进相互肯定与接纳。

（2）增强个人自信心。

（3）认识他人。

2. 活动准备

（1）必须说优点。

（2）夸别人优点时态度要真诚，不能毫无根据地吹捧，这样反而会伤害别人。

(3) 参加者要注意体验：被人称赞时的感受；怎样用心去发现别人的长处；怎样做一个乐于欣赏他人的人。

3. 活动过程

(1) 围成圆圈坐下。

(2) 请一位成员坐或站在圆圈中央，向大家介绍自己的姓名、个性、爱好等。

(3) 其他人轮流根据自己对他（她）的了解和观察说出他（她）的优点及欣赏之处。

(4) 请同学们谈谈受到赞美后的感受。

4. 赞美人的角度（供参考）

(1) 从小事赞美对方，如"你这衣服的纽扣真好看""错了一点，你就重新抄一遍，真是认真"。

(2) 以第三者口吻赞美对方，如"他们都说你人很好""听你们班主任说，你的口才很好""同学们都说喜欢上您的英语课"。

(3) 有意将对方的优点公布于众，如"大家看！他又有一个新创意""告诉大家一个好消息，他又获奖了"。

(4) 注意赞美对方隐藏的优点，如"你不但耐心，而且还细心""没想到你的字也写得这么好"。

(5) 注意赞美对方新近的变化，如"最近你的皮肤变白了""最近你的数学进步很大"。

(6) 注意非语言方式赞美对方，如用眼神、点头、竖大拇指来赞美对方。

(7) 赞美对方心理上的优点，如赞美他人品好、能力强、有才华、有气质、性格好、聪明、有耐心、细心、有同情心、很善良、善解人意、有智慧、有风度等。

(8) 赞美对方生理上的优点，如赞美他（她）漂亮、帅气、苗条、高大、秀美、白皙、健康等。

(9) 赞美与对方相关的人或事，如赞美他（她）服饰的样式、颜色，对方的妻子、丈夫、孩子等家人的得意之处，以及与对方有关的活动、观点、建议，等等。

学习评价

序 号	内　　容	评　价				备　注
		完全掌握	基本掌握	较多不懂	未能掌握	
1	赞美的作用					
2	赞美的技巧					
3	赞美的注意事项					

项目三

沟 通

任务一　沟通的基本技巧

学习目标

1. 能理解沟通的含义及目的。
2. 了解高效沟通的方式和技巧。

技能要求

1. 学生通过理解沟通的含义，能了解构建通畅交流的方式。
2. 学生能够了解基本的沟通技巧，学会运用沟通技巧与人进行沟通交流。

案例导入

案例　大学同班同学的小王、小张毕业后都在同一家公司上班，工作一段时间以后，小王、小张都发现了公司的一些问题。小王情绪激动，常常抱怨。小张默不作声，只是认真与同事合作，做自己应该做的事情。不久，经理找两位谈话，小王只是一个劲儿发泄平时的积怨，小张却从公司的利益出发，系统地指出了公司存在的一些问题，同时提供了 3 套建设性方案供上级参考。谈话后，上级经过讨论，汇总几个方案，采纳了小张部分建议并加以实施，收到了很好的效果。不久，小张被提拔为总经理助理，小王却愤然离开公司。

想一想

同为公司的员工，为什么小王和小张的职场结果不一样？

沟者，构筑管道也；通者，顺畅也。沟通就是我们在日常的工作和生活中，通过倾听、交谈，构建与他人通畅交流的管道。沟通顺畅，可以让事情顺利解决，事半功倍；沟通不畅，往往会产生许多麻烦和障碍，使事情无法顺利进行。

一、沟通的含义和目的

沟通，通俗一点讲就是交谈，在交谈的过程中，双方交换信息。沟通的目的是让对方达成行动，或者理解你所传达的信息和感情。沟通的质量取决于对方的回应。所以，在与人进行沟通时，要弄清楚听者想听什么，说对方想听的，听对方想说的，在此基础上去进行信息的解码反馈。

在实际工作中，一个人的沟通协调能力是很重要的，善于沟通往往会使人很快在工作中打开局面，赢得宽松的发展空间，并且有较高的成就感；而不善沟通往往会让人感到举步维艰，有较强的挫败感。

案例中的小王，在工作中发现问题，情绪激动，常常抱怨，与经理谈话时也不就事论事，而是一个劲儿地发泄自己的情绪，他说的东西都不是经理想要听到的，不仅沟通不顺畅，甚至让经理反感，因为拒绝沟通或者沟通不畅，都无法达成沟通的目的，只会起反效果。而小张却从公司的角度出发，系统地指出公司存在的问题，提供方案给上级参考并得到采纳。从公司角度来说，当然更欢迎小张这样的员工，小张与经理之间的沟通，达成了彼此沟通的目的，也为公司带来发展，他的升迁，也就可以理解了。只有通过有效的沟通，才能达成共识，带来共同发展。

案例：公司一位经理平时很随和，最近几天，不知什么原因，他的心情一直不大好。新来的小陈在他办公室门外徘徊了很久，就是不敢进去，看着经理忙碌的样子，心里想：经理哪有空理会我啊？她左思右想还是没敢进去，事情一多，就把客户方案的事情给忘记了。不一会儿，经理打电话过来询问客户方案的问题，小陈只好说方案还没弄好，经理大为恼火，把小陈训斥了一顿。小陈觉得很委屈，明明是自己体恤经理，却变成了自己的错。

案例中，小陈因为缺乏与上级的沟通，引起误解，这样的情况会让上级对你有所保留，在日后的工作也可能无法对小陈完全放心，甚至会因此使得小陈错过晋升的机会。沟通中"沟"是手段，"通"是目的。怎样才是真正"通"了呢？"通"就是对方被你影响，甚至按你的意思做事情。如果沟通以后，对方没有"通"，那就只被你"沟"了一下而已，没有达到沟通目的。因此关键在于"我们说什么并不重要，别人听到什么才真正重要"。这需要更高的技巧，与人交流要求我们巧妙地听和说，而不是不说或是无所顾忌地谈话。

 想一想

在日常工作中，如何做才能与人有效地沟通？

二、沟通的基本要点

我们生活在飞速发展的时代，知识爆炸性增长，专业分工更为精细，人与人之间也需要更多的交流与合作。对于职场人士来讲，没有良好的沟通将可能是致命的。如果你是一般职员，缺乏沟通可能会使你丧失职场竞争力，无法完成预期的业绩或者目标。在公司你容易因为缺乏沟通引起误解，上级会对你有所保留。业务上和客户不能良好沟通，很有可能影响业绩，甚至丢失客户。如果你正处于职业生涯的上升状态，由于平时和同事之间的沟通不好造成人际关系不佳，有可能因此失去晋升的机会。如果你是中高层的管理者，沟通不畅使公司的宗旨不能很好地向下级传达，跨部门之间的沟通不理想可能会影响整个公司的工作进度，导致公司整体业绩的下滑……良好的沟通不仅能保证你的交流顺畅，工作业务顺利开展，也会为你的工作表现加分。那么在工作中，我们如何才能与人有效、高效地进行沟通呢？

想一想

在一次培训课上，老师问学生："假如你的老板想找人明天陪他去上海出差，你非常想去，那么你打算用什么理由说服老板呢？"大家马上七嘴八舌地讨论起来。

"我有很多在上海的朋友，可以安排一场深度交流之旅。"

"我是上海人，带老板飞！"

"我的业绩是上季度全公司第一。"

在热烈地讨论之后，老师公布了他心中的理想答案："我接下来的工作已经安排好了，可以立即出发。"

想一想，如果是你，你会怎么说服老板呢？

（1）清楚沟通对象的特点，寻找合适的沟通方式。

有些员工特别被上级赏识，可能是因为他说话特别温和诚实；有些学生特别被老师喜欢，可能是因为他上课时端正有礼；有些业务员的业绩特别好，可能是因为他特别善待客户；有些公司给人很好的第一印象，可能是因为接线小姐会说："喂，您好。"我们在与人沟通时也要注意，你沟通的对象是谁，是个怎样的人，应该用怎样的方式来与之沟通，才能获得有效的沟通效果。对所有人都用一种方式，可能无法让所有人都适应你的方式，沟通时也容易出现问题。

有这么一个故事——从前有位秀才，夜晚被蚊子咬醒，于是对睡在旁边的妻子说："尔夫被毒虫所吸也。"秀才看到妻子没有反应，又大声地说了一遍："尔夫被毒虫所吸也。"妻子还是没有反应。此时，秀才大怒："老婆子！赶快起来！你老公被蚊子咬死了！"妻子闻声赶快起来，赶走了蚊子。

看来，沟通要视对象，对一个目不识丁的人讲文言文，只会收到"对牛弹琴"的效果。只有清楚沟通对象的特点，寻找合适的沟通方式，才能更好地实现沟通目的，达到高效沟通。

（2）整理沟通内容，选择恰当的时间及时沟通。

企业中有70%的问题是因为沟通不善造成的，这已经是东西方一致认可的客观数据。在人际交往和日常工作中，沟通内容是否明确往往会影响沟通结果的好坏。给对方有效信息，也从对方处获得有效信息，学会倾听，学会表达，要清楚对方的问题，也把自己的意思表达清楚，这样才能达到有效沟通。并且，选择沟通时间也很重要，强行沟通，效果为零，在恰当的时间做恰当的事情，才能事半功倍。生活中与人交往也是如此，选择合适的时机，往往沟通更顺畅，让事情更顺利地完成。

案例：小白在新公司四个月了，一直表现平平，同事上级都对她没有什么特别的印象，觉得她很安静，话也不多。有一次，领导吩咐她完成一个会议记录，并且提出了几条修改意见，可能是领导说得太快，小白没有听清楚，可她又不好意思再去问领导，也不知道领导什么时候有空，结果一拖再拖，就把事情耽搁了。领导知道后很生气，问她为什么不问。

小白小声说："我怕你太忙了，不敢问。"领导更生气了。

想一想

如果你是小白，你会怎么处理这个事情？你会选择什么时候去找领导弄清楚问题？

（3）客观准确地表达观点和看法，不带个人情绪和偏见。

与人沟通交往时，不是难在有礼，而是难在得体。不媚不俗，不卑不亢，不要在工作中宣泄自己的情绪、带着偏见看问题，也不要过分表现自己，做事情从实际出发，摆事实，讲道理，讲究交谈方式，采取恰当的表达，那么与人沟通也是顺利通畅。

沟通是一种信息的双向甚至多向的交流，沟通能力的高低，直接影响着每个人在自己人生事业上的发展，在竞争激烈的现代社会，学会沟通，有效地推销自己，取得他人的认可，赢得他人的支持和配合，促进自己事业的成功，显得尤为重要。在与人沟通时，特别是工作人际交往中与上级、同事和客户的沟通中，更影响着个人的职业发展。

实训练习

假如你是案例中的小陈和小白，面对案例中的状况，你会怎么处理与上级的沟通？

对象	处理方式
小陈	
小白	

学习评价

序号	内容	评价				备注
		完全掌握	基本掌握	较多不懂	未能掌握	
1	沟通的含义					
2	沟通的目的					
3	沟通的要点					

任务二　与上级沟通

学习目标

1. 掌握下级与上级沟通的要领与方法，并能在实际生活中用心体会。
2. 掌握请示、汇报的程序和要点。
3. 体会与不同类型的上级沟通的要点。

技能要求

1. 了解与上级沟通的原则。
2. 把握说服上级的注意事项，以期获得最好效果。

我们在实际工作中，最经常接触的应该就是工作上的伙伴、上级、同事、客户，都是我们沟通的重点人物。虽然讲求人与人之间的平等交流与沟通，但由于年龄、学识、工作资质等的不同，实际上还是有地位高低区别的。本章节选取如何与领导沟通进行讲解与训练。

案例导入

案例 某技术公司经理对长期合作的供应商不满意，原因是发现另一家供应商的价格更低。于是他给供应商写了一封信，在信中将对方大骂一顿，然后让秘书小王把信寄出去。秘书小王知道后劝经理再考虑考虑，毕竟合作了那么久。可是经理坚持要她把信寄出去。一个星期后，经理发现是自己搞错了，对于自己的判断错误，经理准备打电话给原供应商道歉。这时候秘书小王说："经理，不用打电话了，那封信我没寄出去。"经理听了之后如释重负，但马上又不高兴了："我不是吩咐你寄出去吗？"小王解释道："我想你一定会后悔，所以一直压着。"经理听完生气地说："是你做主还是我做主？"小王很委屈，感觉自己没有错，本来就不应该寄。经理更生气了："你没有错，难道是我的错？"

想一想

你是否觉得小王很委屈？假如你是小王，你会怎么处理这件事情？

沟通对于企业发展和个人发展有着不可估量的作用，而与上级沟通，是工作中的重点：一方面是工作需要，与上级沟通的成效与工作执行力度密切相关；另一方面是个人成长的需要，上级一般在思维模式和行为模式方面比下属成熟，与上级沟通也是一个学习的过程，而且学会与上级沟通也是个人发展需要，有技巧地与上级沟通，可以让上级发现自己的能力，增加晋升的机会。因此，下级对上级沟通时要把握要领，以便达成有效沟通。

一、客观看待上级，踏实做好本职工作

为了更好地辅助上级的工作，作为下属要尽可能地了解上级，不能过分仰望上级，也不能盲目批判，品头论足。大多数时候，上级之所以能成为上级，的确有他成功之处，下属是为上级服务的，要学会调整自己以适应上级，在工作中踏实做好本职工作，兢兢业业。恪守本职，踏踏实实地工作是我们和领导顺利沟通的基本条件。

二、留意上级的领导风格

由于不同的领导会有不同的领导风格。仔细揣摩每位领导的不同性格，在与他们的交往过程中区别对待，运用不同的沟通技巧，会获得更好的沟通效果。

1. 控制型的领导特征及与其沟通的技巧

（1）性格特征

控制型的领导往往对琐事不感兴趣，充满竞争的心态，做事实际、果断，因此在态度

上表现得强硬，要求下属立即服从。

（2）沟通对策——简、快、直、恭

重在简明扼要，干脆利索，不要拖泥带水，不拐弯抹角，无关紧要的话少说，直截了当，开门见山，尊重他们的权威，认真对待他们的命令。

美国陆军五星上将麦克阿瑟的性格属于控制型，每当战前部署时，如果他与其他将军的意见相左，他一定会推行自己的方案。而且，经常是他坚持的作战方案打了胜仗，于是更加剧了他的控制型领导风格，以致后来出现了美国军事史上绝无仅有的一艘军舰上悬挂两面国旗的事情。

 想一想

假如你的上级像麦克阿瑟一样，属于控制型性格的人，你在某个推广项目中有更合适的方案，你将如何与你的上级沟通交流？

2. 互动型的领导特征及与其沟通的技巧

（1）性格特征

互动型的领导凡事喜欢参与，善于交际，喜欢与他人互动交流，同时喜欢享受他人对他们的赞美。

（2）沟通对策——夸、亲、面

这个类型的领导喜欢被公开赞美，但赞美的话语一定要出自真心诚意，言之有物，否则虚情假意的赞美会被他们认为是阿谀奉承，从而影响到他们对你个人能力的整体看法。

某部门邹经理，为人谦和，给部下安排工作后总是主动帮助部下排忧解难，他很看重员工在完成工作任务的过程中是否愉快，所以部下说在他手下工作有很强的幸福感。

 想一想

假如你是邹经理的下属，现在你手头有一项工作非常棘手，你需要向他寻求帮助，你应该怎么和他进行沟通？

3. 实事求是型的领导及与其沟通的技巧

（1）性格特征

实事求是型的领导为人处事自有一套标准，具有理性思考能力而缺少想象力，重逻辑而反对感情用事，喜欢弄清楚事情的来龙去脉，是方法论的最佳实践者。

（2）沟通对策——核、直、细

这类领导不喜欢从拉家常开始，而是直接从他们感兴趣且实质性的事物说起；他们喜欢直截了当的方式，对他们的提问最好是直接作答。同时，在进行工作汇报时，应多就一些关键性的细节加以说明。

 想一想

某单位领导司徒经理，对工作的结果总要掌握得十分认真、细致，凡事都要求部下注意结果，他的口头禅是：不问过程，只看结果。

如果你是司徒的下属，下面这两种说法哪一种更容易引起他的注意？

① "司徒经理，这是根据前6个月情况所做的下半年销售预测，以及物料、人员和成本的估算，请您看一下。"

② "司徒经理，根据我的估算，我们下半年可以在提高销售的同时，大幅度降低成本开支。这是根据前6个月情况所做的下半年销售预测，以及物料、人员和成本的估算。"

领导风格与沟通对策

领 导 风 格	领 导 方 式	沟 通 对 策	备 注
控制型	直接命令，不允许部下违背自己的意志，重工作结果而不是重过程		
互动型	亲切友善，愿意聆听部下的困难和要求，营造融洽的工作氛围		
实事求是型	按自己的行事标准要求部下，注重问题的细节，善于理性思考		

三、与上级沟通的原则

尊重上级，是你和上级沟通的前提。古语云："事上敬谨，对下宽仁。"下级对待上级要尊敬，上级领导不仅使用权利，也需要威信与影响力。尊重领导，是心理成熟的标志。当你满足了领导对于尊重的需要时，你同样会得到很好的回报。当然，尊重不等于盲目地顺从。兢兢业业、踏踏实实地做好本职工作是良好沟通上下级关系的基础。摆正位置、领会意图是与领导沟通的根本，不要过分表现自己、突出自己，更不要张扬自己帮助上级做了什么。

和上级打交道，要能够领会上级的意图，领导要你做什么、要你怎样做，应该有默契，有时一个手势、一个眼色，都能够心领神会。

1. 尊重上级，了解上级

（1）尊重、了解上级的个性和工作风格。

（2）上级的需求决定你的目标。

（3）了解领导的好恶，可以在工作中避免不必要的麻烦。

2. 树立与上级主动沟通的意识：多请示、勤汇报

领导的工作往往比较繁忙，无法顾及方方面面，保持主动与领导沟通的意识十分重要。

作为领导，判断下属对他是否尊重的一个重要因素就是是否经常向他请示和汇报工作，经常与上级领导沟通有助于建立起你与上级领导的融洽关系。

同时汇报工作时要把握分寸，选择时机。比如工作中，在向上级提出异议之前，首先向他的秘书打听一下他的心情如何。如果他心情不佳，就暂时不提要求。即使不求助于上级的秘书，你也可能找其他窍门，来把握好时机。例如：上级急务缠身，不要找他；午饭时间已到，他却仍忙乱之中时，不要找他；休假前夕或度假刚返时，不要找他。

3. 如何向上级提建议

（1）沟通要有分寸，不要否定和批驳上级的意见。

（2）灵活变通，让自己的想法被上级接受。

（3）必要时也要说出"不"，要恰当地说明理由。

对于上级的指示，执行时一要态度坚决，二要认真负责，这是下级应尽的职责，是尊重上级、维护上级威信的具体表现。但如果上级的指示确实存在问题时，就不能盲从而导致工作失误。那么，怎样说服上级，让其理解自己的主张、同意自己的看法呢？

四、与上级沟通的错误方式

1. 抱着改变对方主意的心情和他争论，并且试图去"赢"对方

任何争执都会有一些双方都同意的见解，应该强调共同之处，不要以表达不同见解来证明自己高人一等，更不能贬低别人。过分强调分歧的意见，必然使对方不服。同时，在与上级沟通时要保持愉悦的态度、声音温和，不要表露出愤怒、不耐烦的情绪，避免打断对方的讲话，不要做皱眉、摇头等动作。

2. 一开始就坚定陈述自己的立场

人们常认为说服上级就像是商业谈判，在一开始时就应当坚定而清楚地表明自己的立场，在过程中不断证明自己想法的正确性。然而，在面对上级时，这种强势的态度却常常容易引起相反的效果。因此在你不同意对方的意见之前，必须要先了解对方的立场，以求没有误解对方的意思，而且最好不要采取直接的方式对着上级说："我觉得……我们应该……"，而是应该运用假设的说法："如果……也许可以……"。采取请教式的、建议性的态度，比较容易为上级所接受。

3. 说服

说服是持续性的动态沟通过程，而非立即就可获得解决的单一事件。说服不仅发生在你与上级之间面对面沟通期间，还包含了准备、发现以及对话的过程。准备的过程除了必须收集相关资料支持自己的观点之外，更重要的是在进行说服之前，必须从各种角度去测试自己的想法：这对其他人会有什么影响？我的说明是否有不足的地方？还有没有其他更好的方法？上级对这样的想法会有什么样的质疑？

 想一想

下面这个案例对你的启发是什么？

早上老板把我叫去说："今天下午我们去广州。"但是我很清楚原定今天下午要去成都，我不能提醒他说："老板，下午我们不是要去成都吗？怎么又变成去广州了？"我怎么知道是他忘记了还是改变计划了呢？如果我当时提醒他，可能就被视为顶撞。我只能说："好，下午我们去广州。"在我走后如果他自己发现错了，他还会把我叫去更正，如果我回去后他还没有想起，我就再去一次："我刚刚想到，我们下午好像要去成都，是不是现在改变主意要去广州了？"他如果真忘了，也会很高兴地接受；他如果真改变了主意，我也没有什么不妥。

五、与上级沟通，说服上级的对策

说服的目的不是要对方完全接受你的想法，而是共同协商出双方都可以接受的答案。要想领导接受你的进言并且不降低对你的看法和评价，获得最佳效果，就不仅要注重说明的内容，更要讲究技巧的运用。

1. 建立个人的信用

根据研究显示，在说服时，多数人都过度高估了自己的信用。在工作上，个人的信用来自两方面：专业度及人际关系。专业度代表的是你在某个领域所具备的专业知识和技能，包括你过去所获得的具体成绩、在说服过程中表现出来的对问题的深入了解，以及对各种可能出现的问题在事前已做好的完整分析。至于人际关系的信用度，指的是个人的合群度。表现在：上级是否相信你是一位愿意接受他人意见、容易沟通的人，而非坚持己见、不容易妥协的人。

2. 设想上级可能产生的质疑，有备而去

说服的目的是要使上级采纳你的建议，但更多的时候上级所需要的是可行的方案和可信的论证。如果你的观点论证不充分，缺乏有力的论据，甚至漏洞百出，经不起领导三言两语的询问，那么你的建议只能被驳回，需要回去重新做工作。因此，要事先设想领导会提什么问题，自己该如何回答。

问题讨论：

在说服上级时，你注意过以下要点吗？请填下表。

说服领导的要点

说服领导的要点	一贯如此（3分）	经常如此（2分）	很少如此（1分）
能够自始至终保持微笑			
善于选择与领导谈话的时机			
已经准备好详细的资料			
对领导的提问胸有成竹			
语言简明扼要			
能充分尊重领导的权威			

结果评价：

14～18 分：能在工作中自觉地运用沟通技巧。你是一个非常受欢迎的人，你的领导很赏识你。

7～13 分：你已经掌握了很多沟通技巧，并已经尝试在工作中运用。你的领导认为你是一个有潜力的人，但还须继续努力。

0～6 分：你应该抓紧时间学习一下和领导的沟通技巧了，因为你现在和领导的关系很不融洽。恰当地改善沟通技巧，可以帮助你充分发挥自己的能力，去争取更为广阔的发展空间。

总之，上级也是人，也希望与下属沟通交流，也希望建立融洽和谐的上下级关系。因此，要学会更加积极主动地去运用沟通技巧与领导相处。

实训练习

（1）与领导沟通需要把握哪些要领？

（2）挑选四名同学，一名扮演应聘者，另外三名扮演招聘人员，所在职位是销售人员。第一阶段，应聘者向三位招聘人员介绍自己的情况，三位招聘人员分别提问，然后根据自己的感受写下相应的分数（百分制），并指出应聘者在表达方式上存在的问题。第二阶段，应聘者根据三位应聘人员的不同需求,调整自己的表达方式,三位招聘人员再次根据自己的感受写下相应的分数(百分制)。观察两次的分值是否有所变化。

(3)某中心50多岁的刘主任平时说话慢条斯理,特别注意细节。他准备招聘一名助理,其中一名应聘者是一所名校的MBA,且工作过多年,很有工作经验。面谈时,MBA口若悬河,侃侃而谈,刘主任几次暗示其放慢语速,他都没有注意,继续表现他的宏图大志。请分析后面的结果如何?

(4)假设你将在单位较忙的时候去休假,在休假前,你要向领导请示,并要向同事和下属交代一些事情。那么,在不同对象面前你将会怎么沟通?

学习评价

序号	内容	评价				备注
		完全掌握	基本掌握	较多不懂	未能掌握	
1	与领导沟通的要领					
2	与上级沟通的原则					
3	说服上级的对策					

任务三 与同事沟通

学习目标

1. 了解与同事相处的要点和忠告。
2. 掌握同事之间沟通的要领,并能够在实际生活中正确运用。
3. 同事间沟通需要注意的问题。

技能要求

1. 能够掌握同事间相处中会出现的难题。
2. 掌握相处过程中问题的解决办法。

有人说,一个人与同事在一起的时间和他与家人在一起的时间是相等的,所以与同事关系的好坏直接影响到自己的工作、事业的进步和发展。如果同事之间关系融洽、和谐,人们就会感到心情愉快,有利于工作的顺利进行,从而促进事业的发展。反之,同事间关系紧张,相互拆台,经常发生摩擦,就会影响正常的工作和生活,阻碍事业的正常发展。

与同事相处沟通对一个职场中人来说是成功的关键因素。善于处理同事关系,巧妙赢得同事支持的人总能在工作中游刃有余,安然生存;而那些不屑或者根本不会与同事交往的人则免不了时时被动挨打,举步维艰。若想在事业上获得成功,在工作中得心应手,就需要深谙同事间相处沟通的学问。工作生活中我们经常会听到有人抱怨同事关系处理不好,其实和同事相处是一门学问,下面我们就来共同探讨与同事沟通的技巧。

一、与同事沟通的基础

职位相同的同事多为工作上的接触，宜采用商谈、讨论以及提出建议的方式找出解决问题、共同完成工作任务的工作方法，并尽可能照顾到各部门的利益，而不能以"命令"或责怪的口吻把自己的想法强加于沟通对象。

想一想

作为同事，下面的沟通方式会产生什么后果？
（1）你最好现在马上就把报告交上来，否则老总怪罪，你吃不了兜着走。
（2）如果不是你……就不会发生这样的事情了。
（3）老肖，怎么样？帮帮忙，汇总表下班前一定要做出来。或者，老肖，提前两天把汇总表做出来，到时候我请客。
假如你的同事这样对你说话，你会有什么样的感觉？

1. 以诚相待，彼此尊重

真诚是人与人相处的根本，沟通的有效性在于真诚，"精诚所至，金石为开"。对方认可了你的真诚，沟通就有了良好的基础。言必行，行必果，在工作中，与同事有工作交集时，讲究诚信，沟通时真诚待人，承诺过的事情要努力做到，如果实在不能达成承诺，也要真诚向对方表达歉意。有效的沟通必须做到尊重和理解，不是所有的沟通都能使彼此同意对方、达成共识，意见分歧、观点对立是常有的事，重要的是尊重和理解。彼此尊重，从自己先做起，宜采用商谈、讨论及提出建议的方式，而不能以"命令"或责怪的口吻把自己的想法强加于沟通对象。

2. 平等对待，保持距离

在办公室里无论是什么样的同事，你都应该平等对待，互学互助，建立起和谐的工作关系。同时要注意，同事之间的关系还是工作关系，所以在与同事相处沟通时，还要注意"不远不近，若即若离"，工作时不谈私事，私会时不谈公事，做到公私分明。

3. 友善宽容，双赢中庸

同事之间的相处具有相近性、长期性和固定性。因此，同事间彼此都比较了解对方的脾气和工作作风，对于同事的个性和作风，要宽容而友善地面对。宽容就是尊重个性，不能强求一律。要学会积极主动地适应别人的性格特点；宽容别人有和你不同的见解和感受，体谅别人的处境；在心理上接纳别人，学会欣赏别人。只有你欣赏别人，别人也才会欣赏你。在现实生活中有许多事情，你不妨用宽容去试着解决一下，或许它能帮你实现目标。

同事间也存在竞争，现代社会，应对竞争最有力的手段就是双赢。与同事相处沟通要学会避免冲突，解决矛盾，化干戈为玉帛，达到双赢。而保持中庸，不主动对一些人和事发表评论，可以让你远离是非，保全自己。这也是与人沟通交往中的一个重要原则。

二、互换角度思考

想一想

下面这个案例的症结在什么地方？

销售部的小张急火火地找到部门经理:"肖经理,您看怎么办?我好不容易发展了一个新客户,人家要的货我也早就填了单子,交给了厂里,让他们抓紧时间把货给人家发过去。可是,都过了一个半月了,客户还没有收到货,人家都来电话催了好几遍了。找到张厂长,他们说没货。经理,您说说这不是要命吗?以后人家还怎么敢买我们的东西?"

肖经理一听火冒三丈:"厂子里是怎么回事?我找他们去!"肖经理越想越火大,厂子里都是按计划生产的,而这些货的生产计划早已订了,怎么又出了问题?我们的销售人员好不容易才拉到单子,就要毁在他们的手里了。他们每个月到是有工资保证,我们的人可全指望着单子做成了才能拿到钱呢。

张厂长听完了肖经理的一番抱怨,他的火也一下子着了起来:"你也不能把你们完不成销售额的责任推到我们身上,你有怨气冲我来,我有火冲谁发?我们倒是希望货赶紧发呢。最近全国海关打击走私,供应商将价格提高了40%,老总让我们先别发货,我们的工人都歇着了,我也着急呢!"

分析:无论你在什么部门、从事什么工作,你会发现我们的自我评价与其他部门对我们的评价都相去甚远。但是作为一个整体而言,每个部门、同事之间的合作确实唇齿相依,缺一不可的。那么为什么会出现这种现象呢?就是我们常常认为自己有道理,沟通对象没道理,一心一意为自己打算,本位主义浓厚,怎么能有效沟通呢?其实,谁都想将自己的工作做好,如果能设身处地站在沟通对象的立场上进行沟通,即使有困难,大家也能找到很好的解决办法。

 做一做

财务部经理为了保证提前统计出总经理指示的月度财务报表,找到销售部的肖经理让他拿出销售收入汇总表。肖经理下面几种回答会有什么不同的结果?

(1)我现在实在没有空。嗯,不过,我可以想想办法,加个班,没关系。

(2)什么?我这里的正经工作还没有忙完呢,哪里有工夫管什么这些杂七杂八的事情。

(3)你们是怎么搞的?平时我们没事你们不要什么表,现在我们忙起来了就来给我们添乱。要什么表?是表重要还是完成销售额重要?

(4)我希望我能够把销售汇总表按时交给你,但我们以前交报表都没有这么急,恐怕各个办事处都没有准备,我们试一下,再给你答复,可以吗?

(5)没有人事先通知我们部门,你能否准许我的销售汇总表晚些时候交给您?

三、与同事沟通的技巧

1. 灵活表达观点

和同事意见相左,或看到同事有明显错误或缺点,如果无伤大雅,不关原则,大可忽视,不必斤斤计较。即便确有必要指出,也要考虑时间、地点和对象的接受能力,委婉指出。如果过于直率,即使你是实话实说,也不会受到欢迎,沟通中的语言至关重要,应以不伤害他人为原则,不要直言伤害;要用鼓励的语言,不用斥责的语言;用幽默的语言,不用呆板的语言。让人愉快地接受你的观点,也是有效沟通的表现。

2. 赞美常挂在嘴边

同事的进步，要适时关注，适当赞美，同事的微妙也要注意发现。要时常面带微笑，对他人微笑本身就是一种赞美。微笑的魅力是无穷的，每次走到办公室里，抬头挺胸，要积极阳光，微笑着向同事问好，情绪是会感染他人的。只有这样，别人才愿意与你交往。要远离争论，对一些非原则性的问题，切忌去争什么你输我赢，否则，其结果只能使双方受伤，百害而无一利。

3. 与同事勤联络

在与同事交往中，可能会有相处要好的，则形成了自己的交际圈。在激烈竞争的现实社会中，空闲的时候给同事打个电话、写封信、发个电子邮件，哪怕只是只言片语，同事也会心存感激。对进入自己人际圈的同事要常常联络，一个电话、一声问候，就拉近了同事之间的距离。

4. 与同事沟通的忌讳

切忌背后打小报告，尊重别人的隐私是保护自己的最好方法，决不能把同事的秘密当作取悦或排挤对方的手段，害人之心不可有。以宽容、平和的心对待别人的隐私，是在为自己减少惹来不必要的危险和烦恼的机会。

5. 切忌将所有责任背上身

很多人不会拒绝同事的请求，怕得罪人，企图在办公室做一个老好人，这样的想法是错误的。

谨记自己不是"超人"，公司不会要求你解决所有难题，所以最好专注去做一些较重要和较紧急的工作，这比每件工作都弄不好要理想很多。委婉地道出你的苦衷，说出你的原则，必能获得同事的谅解，赢得对方的尊重。

在工作中，不仅要注重与上级的沟通，还要与同事竭诚合作、良好沟通，与同事间创造优质的人际关系，让同事为自己证明能力，为自己在上级面前说好话，提高自己的可信度，才能让自己在工作中不断成长，更加顺利地开展工作。

实训练习

你是公司的行政助理，下周一将有一位新来的同事来我们这里工作。她将负责与顾客面对面交流。如果你能给她一些指导将对她很有帮助。下面有几个问题，请就每个问题给她一些指导。这些问题是：

● 为什么搞清楚顾客的姓名、头衔和职务是十分重要的？
● 如果你不知道该如何称呼一名顾客，你怎么找到这方面的信息？
● 影响面对面交流的因素是什么？

（1）由两名学生扮演同事关系，领会需要表达的内容，组织谈话步骤和内容。
（2）轮换扮演不同角色。

个人畅谈实训体会，教师总结，评选出最佳谈话方案。

学习评价

序号	内容	评价				备注
		完全掌握	基本掌握	较多不懂	未能掌握	
1	与同事沟通的基础					
2	互换角度思考					
3	与同事沟通的技巧					

任务四 与客户沟通

学习目标

1. 充分认识跟客户顺畅沟通的重要性。
2. 掌握与客户沟通的要点。
3. 体会接近客户的技巧。

技能要求

1. 与客户沟通须注意的问题。
2. 掌握接近语的步骤。

客户是指通过购买你的产品或服务满足其某种需求的群体。他们因为非常信任你，不断采用你为其提供的有价值的产品或解决方案，从而不断给你带来更多的财富。客户沟通是以客户为沟通对象的沟通行为。

案例导入

案例1 顾客："你们的产品质量太差了，你让我怎么使用？"

你："××先生，您好，对于您的遭遇我深表歉意，我也非常愿意为您提供优质的产品，遗憾的是，我们已把产品卖给您了，使您遇到了一些麻烦，真是不好意思。××先生，您看我是给您换产品还是退钱给您呢？"

案例2 顾客："你们做事的效率太差了。"

你："是的，是的。您的心情我非常了解。我们也不想这样，我非常抱歉今天给您造成的不愉快。我想以××先生的做事风格来说，一定可以原谅我们的。感谢您给我们提个醒，我们一定会改进，谢谢您。"

一、与客户沟通的作用

1. 与客户沟通是实现客户满意的基础

与客户进行沟通，才能了解客户的实际需求和期望，特别是当我们出现失误时，有效的沟通有助于更多地获得客户的谅解，减少或消除客户的不满。根据美国营销协会的研究，客户的不满意有一半是因为产品或服务本身有毛病，其他的问题都出在企业与客户沟通不良上。可见，客户沟通是使得客户满意的重要环节，我们只有加强与客户的联系和沟通，才能与客户建立起良好的关系。

2. 与客户沟通是维护客户关系的基础

我们只有经常与客户进行沟通，才能向客户灌输双方长远合作的意义，描绘合作的远景，才能了解客户的需求，在沟通中加深与客户的感情，稳定客户关系，从而使客户重复购买的次数增多。如果我们与客户缺少沟通，那么好不容易建立起来的客户关系可能会因为一些不必要的误会没有得到及时消除而土崩瓦解。因此，我们要及时、主动地与客户保持沟通，并且要建立起顺畅的沟通渠道，只有这样才能维护好客户关系，才能赢得大批稳定的客户。

当初四川一些农村顾客提出海尔洗衣机的质量不好，海尔公司派人一看，原来他们用洗衣机洗土豆，结果泥沙堵塞了下水口，这是一条非常宝贵的信息，说明顾客有这个需求，这对企业来说是一个非常难得的机会，必须开发出可以洗土豆的洗衣机。随后，技术部门根据洗土豆的特点，将洗衣机进行了改良，很快便生产出了让顾客满意的洗衣机。海尔通过与客户的沟通，了解到客户对洗衣机的新需求，洗衣机不仅可以洗衣服，农忙时还可以洗土豆、洗地瓜，现在这样的产品在农村卖得很好，很受农民喜欢。

 想一想

如果不是海尔公司与农民客户的真诚沟通，那么他们就少了一次改革产品的机会。在这次沟通过程中，海尔公司如何做到有效沟通的？

二、接近客户，展开沟通的技巧

接近客户是指由接触到准客户再到切入主题的阶段。在接近客户前首先要明确主题是什么，然后再根据主题选择适当的接近方法。例如，主题是想和未曾见过面的客户约时间见面，可以选用打电话的方法；想约客户参观展示，可以采用邮件的方法；想向客户介绍某种产品，直接拜访更合适。

任何人碰到陌生人，内心深处总会有一些警惕心。只有打开客户的"心防"，才能让客户敞开心胸，客户才可能用心听我们说话，顺利沟通才有可能达成。

从接触客户到切入主题的这段时间，要注意如下问题。

1. 给客户良好的外观印象

穿着打扮是影响第一印象好坏的主要因素，一个连穿着都不在意的人，怎么能获得别人的信任呢？不要认为只有自己超强的专业知识才能给客户最大的利益，事实上客户在做决定时，往往是感性左右理性，人的外表会给人暗示的效果。

2. 记住客户的名字

每个人都希望别人重视自己，能记住别人的名字，就如同看重他一样。美国一家电器公司的董事长同公司的代理商和经销商吃饭，他私下按座位把每位来宾的名字一次记下，这样董事长在饭桌上与每位老板交谈时能随时叫出他们的名字，这使每个人都惊讶不已，生意也就顺顺利利地谈成了。

3. 让客户有优越感

让人产生优越感最有效的方法是对于他自傲的事情加以赞美。若客户讲究衣着，你可以向他请教如何穿衣搭配；若客户是知名公司的员工，你可以表示羡慕他能在这么好的公司工作。有一位爱普生公司的业务代表，每天约见客户时的第一句话就是："你的公司环境真好，能在这里工作的一定都是很优秀的人才。"一句简单的赞扬，立即就拉近了和客户的距离。客户的优越感被满足，初次见面的警戒心也就自然消失了，彼此的距离拉近，能让双方的好感向前迈进一大步。

4. 替客户解决问题

我们在与客户见面前，若能事先了解其面临的问题及困扰，见面时以关切的态度站在客户的立场上表达你对客户的关心，让客户感受到你愿意与他共同解决问题，他就容易对你产生信任感。

十几年前，机关文书的复印纸只能使用专用的纸张，政府机关每年为复印用纸的巨额花销头痛不已。桂林理光公司的一位业务代表知道政府机关在复印上存在这个问题，便在拜访某个政府机关的主管前先去找理光技术部的人员，询问是否能修改机器，使机器能适应普通办公用纸的复印需求。在得到技术部人员的满意答复后，他就去见该单位的主管，告诉他理光愿意替政府机关解决用普通办公用纸复印的问题。客户听到后，对理光产生无比好感，在极短时间内，理光的这款机器便成为政府机关的主力机种。之后，"用普通办公用纸就能复印文件"也变成了理光复印机的广告词。

想一想

对比下面案例1及案例2中业务代表A和B的接近客户的方法，哪一个更容易接近客户？为什么？

案例导入

案例1 业务代表A：你好，我是大明公司的业务代表陈大勇。百忙之中打扰你，想向你请教有关贵商店目前使用的收银机的事情。

商店老板：你认为我店里的收银机有什么毛病吗？

业务代表A：并不是有什么毛病，我是想已经到了需要更换的时候。

商店老板：对不起，我们暂时不想考虑换新的。

业务代表A：不会吧！对面的李老板已更换了新的收银机。

商店老板：我们目前没有这方面的预算，将来再说吧！

案例2 业务代表B：您是郑老板吧？我是大华公司业务代表王芳，经常经过贵店，看到贵店生意一直都是那么好，实在不简单。

商店老板：你过奖了，生意并不是那么好。

业务代表B：贵店对客户的态度非常亲切，郑老板对贵店员工的教育训练一定非常用心，对街的张老板对你的经营管理也是相当钦佩。

商店老板：张老板是这样说吗？张老板的店经营也是非常的好，事实上，他也一直是我的学习对象。

> 业务代表 B：不瞒你说，张老板昨天换了一台新功能的收银机，非常高兴，才提及刘老板的事情，所以今天我才来打扰您！
>
> 商店老板：喔？他换了一台新的收银机？
>
> 业务代表 B：是的，郑老板是否也考虑更换新的收银机呢？目前你的收银机虽然不错，但是新的收银机有更多的功能，速度也较快，这样你的客户就不用排队等太久，因而会更喜欢光临你的店，请郑老板一定要考虑这台新的收银机。

三、与客户沟通的技巧

与客户沟通要把握好三个环节：了解客户、触动客户、维系客户。

了解客户，是沟通的前提：通过倾听来了解，学会倾听，不仅仅是听客户说话的内容，更重要的是在和客户的沟通中，体会客户说话的原因（目的）、如何表达（语音语调）、听起来的感觉（词语的选择），以及在话被说出来的时候看上去的感觉和内心的感觉，等等。因此，如果你在和某个潜在客户对话时想要了解谈话的实际内容，你需要调动整个身心来进行谈话，从而透过谈话内容的表面"感知"其实际所表达的内容。

1. 通过提问来了解

和客户交谈，尤其是在推销自己的产品时，要学会提问。提问是一门有趣的学问，首先是善于提问，如果只是一味地向客户推销，就会打击客户的购买欲望，即便是再好的产品也会无人问津；其次是问题要提得好，提到点子上，不能所有问题千篇一律，也不能忽略客户当时的情况。

只有将提问一步一步地深入客户的内心，你才能了解到客户的真正需求。这样一来，你就一步一步化被动为主动，沟通成功的可能性就越来越大。那么，要想将提问一步一步地深入到客户的内心，销售员就要掌握以下一些提问的技巧。

（1）主动式提问。

主动向客户提问，就是销售员通过直接提问让客户说出他自己想要的产品，如果客户配合回答，销售员会很容易了解客户的需求及其自身情况等。这种方式比较适合那些与销售员沟通较好的客户。

（2）选择式提问。

选择式提问是销售员常用的一种提问方式，它可以限定客户的注意力，要求客户在限定范围内做出选择，通过这种提问方式，销售员就能掌握整个谈话的主动权。

销售员把要介绍的产品分成几类，让客户从中选出一个或几个，这样比较方便明白，也使销售员容易找到解决方案，销售起来更加便捷。

（3）建议式提问。

建议式提问对那些拿不定主意的客户来说是非常有效的。销售员可以主动向客户说明产品的特点，同时也要让客户认为你提的建议是正确的，这样客户就会很快做出自己的决定。

（4）引导式提问。

这种提问方式要求销售员一步步地引导客户跟着他的思路走，让客户没有回想的时间。就好比在陈述一个事实前，先做好一个框架，然后让客户主动跳进去。这样用一个预先做好的框架，就可以引导客户做出销售员想要的回答。

(5) 重复式提问。

重复式提问是以问话的形式重复客户的语言或观点，这样让客户觉得你是很认真地倾听他的谈话，是尊重他的。

销售员以问话形式重复客户的抱怨，让客户感到他们的意见已受到重视，相应地，其否定情绪也会减弱，在这个基础上，再用提问的方法说出自己的想法，这样接下来的沟通也会比较容易。

想要客户认同你的公司、你的产品，包括你个人，你就要学会触动客户。

赞美客户一定要诚恳。客户对真诚的赞美是不会拒绝的。客户是上帝，在与客户的沟通中要自始至终表现出热忱的欢迎和诚挚的感谢，要树立"为顾客服务不是给予，而是报答"的思想。

2. 注重细节，对症下药

细节决定成败，只有注重细节，才能更好地服务客户。与客户沟通的过程中，你要强调假如买了你推荐的产品以后可以带来的好处和利益，以及不买所带来的坏处和损失，尽可能描绘得具体详细，让客户有种身临其境的感觉，能促使客户早下决定。要根据不同客户的特点、个性采取不同的沟通方法。有人给了我们很好的启示：仁义者动情；明智者说理；好炫耀者夸奖；好言者倾听；好强者激将；好面子者提示；贪婪者送礼；无主见者给借口。因人而异，投其所好，善说者之道也。

3. 语言沟通讲究措辞，注意接待客户有"九避免"

（1）避免说："我不知道"；应该说："我想想看"。

（2）避免说："不行"；应该说："我的想法是……"。

（3）避免说："那不是我的工作"；你应该说："这件事可以由××来帮助你"。

（4）避免说："我无能为力"；应该说："我理解您的苦衷"。

（5）避免说："那不是我的错"；应该说："让我来看看怎么解决"。

（6）避免说："这事你应该找我们领导说"；应该说："我请示一下领导，看这事该怎么办"。

（7）避免说："你的要求太过分了"；应该说："我会尽力的"。

（8）避免说："你冷静点"；应该说："我很抱歉"。

（9）避免说："你再给我打电话吧"；应该说："我会再给您打电话的"。

4. 面对"难以对付的客户"，体谅客户，尽量协商

顾客怒气冲冲，很可能是因为他们的需要没有得到满足。仔细、耐心倾听并理解顾客的讲话是解决问题的关键。如果不设身处地体谅顾客，就难免遇到麻烦。耐心向顾客介绍产品知识，使他们打消顾虑和不满。解决问题的办法很多，你应该找到一个令顾客满意又不使公司利益受到损失的方法。你不能做到令所有的顾客都满意，但你可以尽量同他们协商。

实训练习

自我检测

（1）比较下面两种不同的表达是否有差别？

习惯用语：问题是那个产品都卖完了。

专业表达：由于需求很大，我们暂时没货了。

习惯用语：你怎么对我们公司的产品老是有问题！

专业表达：看上去这些问题很相似。

习惯用语：你没必要担心这次修后又坏。

专业表达：这次维修后你尽管放心使用。

习惯用语：这是公司的政策。

专业表达：根据多数人的情况，我们公司目前是这样规定的。

习惯用语：面里不加鸡蛋？

专业用语：面里是加1个鸡蛋还是加2个鸡蛋？

（2）善用"我"代替"你"。

有些专家建议，在下列的例子中尽量用"我"代替"你"，后者常用会使人感到有根手指指向对方。

习惯用语：你的名字叫什么？

专业用语：请问，我可以知道你的名字吗？

习惯用语：你必须……

专业表达：我们要为你那样做，这是我们需要的。

习惯用语：你错了，不是那样的！

专业用语：对不起，我没有说清楚，但我想它运转的方式有些不同。

习惯用语：如果你需要我的帮助，你必须……

专业用语：我愿意帮助你，但首先我需要……

学习评价

序 号	内 容	评 价				备 注
		完全掌握	基本掌握	较多不懂	未能掌握	
1	与客户沟通的作用					
2	接近客户的技巧					
3	与客户沟通的技巧					

项目四 演 讲

任务一 演讲的基本技巧

学习目标

1. 了解演讲的基本要求。
2. 掌握演讲的基本技巧并加以应用。

技能要求

1. 学生能以演讲的基本要求为指引，对现成的演讲稿进行分析。
2. 学生能综合运用演讲的基本技巧，有感情地朗读一个演讲片段。

导入案例

案例 "获得第 44 届世界技能大赛数控铣项目金牌和国家最佳选手奖，我感到十分光荣。特别感谢广东省机械技师学院、北京工业技师学院以及专家教练团队和老师的培养！特别感谢对自己在技术上、思想上亲切教导、诲人不倦、精益求精的数控铣项目专家组长鲁宏勋大师！我始终坚信"宝剑锋从磨砺出，梅花香自苦寒来"。这四年多的技校生活，让我在人生成长道路上逐渐成熟，同时更加培养了我坚忍不拔、一丝不苟、认真务实的性格，无论是思想工作上还是学习生活上我都取得了很大的进步。正是有各位领导、恩师的教导，才使自己从一名无名少年成长为世界技能大赛的金牌获得者！我一定不辜负大家对我的期待，认真思考今后的发展方向，继续努力将工匠精神传承下去，以自己的实际行动回报社会，报效祖国。"

——第 44 届世界技能大赛数控铣项目金牌选手和国家最佳选手奖获得者杨登辉演讲。

演讲，也称演说，是指在重要场合或公众场合中，借助于有声语言和态势语言表达思想的一种综合性的口语形式，旨在就某个特定问题阐述观点、表达情感、说明事理或提出倡议，让听众感染和认同。我们常说，演讲是一门语言的艺术，因为激情洋溢的或者饱含哲理的成功演讲，往往能充分展示一个演讲者厚重的学识水平、过人的应变智慧和丰富的语言魅力，赢得他人的赞许。

一、演讲的基本要求

演讲是一种综合性的语言输出，不仅需要有明确的目标指向、正确的思想倾向，还需要具备有力的论据事实和充盈的情感依托。如何构思和准备，进而完成一次优质的演讲？如何才能调动起听众情绪，引发听众的共鸣，顺利传达出所要传达的思想？这便需要我们在演讲时应符合一定的基本要求。

1. 紧扣主题明方向

在演讲活动中，主题就好比指路明灯，首先我们要搞清楚：我们要演讲什么？我们演讲的核心问题是什么？只有当主题确定下来，我们才能进一步有针对性地构思，并将所有的事例、观点、信息都紧扣主题进行延展、说明。

 想一想

试为"练就世赛本领，弘扬工匠精神"校园演讲比赛选定演讲主题，并结合人物故事说明主题。

2. 确定目的定基调

演讲的目的，就是演讲的出发点和落脚点，就是"为什么演讲"，通过演讲，希望听众能给出什么反馈或做出怎样的行动。目的清晰了，整篇演讲的情感基调也就明朗了，更利于烘托与渲染氛围，更容易细化和表达情感。例如：

教师节晚会上，进行主题为"悠悠师恩难忘却，深深师情铭心间"的演讲。这一演讲的目的非常突出——赞扬那些在教育事业土地上辛勤耕耘的老师们，同时希望同学们能够感恩老师们的付出，珍惜学习的机会。

3. 分析对象择内容

演讲的对象，即演讲的听众，是影响演讲效果的重要因素之一。对象的年龄梯度、受教育程度、文化背景、所关注的热点问题、喜欢的表达方式等，都将影响演讲内容、形式、风格和效果。因此，提前揣测听众的心理，用听众喜欢和乐于接受的形式进行演讲，往往能起到意想不到的结果。例如：

当演讲主题为"我的生活"时，若演讲的对象是青年学生，话题可选择年轻人关注的内容，如出国留学、技能考证、户外越野、网络游戏、美食、微信等，可采用活泼、幽默的表达方式；若演讲的对象是中老年人，话题则可倾向于广场舞、太极拳、保健养生等方面，表达方式则以沉稳、平实为主。依据不同的对象选择有针对性的演讲内容，能让我们的演讲更深入人心。

4. 熟悉环境控全场

演讲的环境，既包含演讲的背景环境，也包含演讲的现场环境。想使演讲蕴含生命力和感召力，就需要紧跟时代的步伐，融入所处的时代背景和生活环境，摘取新鲜的观点和内容。同时，是否能掌控现场、灵活应对突发事件也将影响演讲效果的最终呈现。例如：

珍珠港事件爆发后，罗斯福向全国人民发表了著名的演讲《一个遗臭万年的日子》，在短短的六分半钟内，演讲不时被爆发的掌声打断。演讲结束后，国会仅用了三十三分钟，就在参众两院分别以82票对0票、388票对1票通过了美国和日本之间存在战争状态的联合决议。罗斯福这篇演讲的效果如此罕见，是因为它响应了珍珠港这一突发事件，这是在当时的环境背景下全美国所关注的问题，在感情上准确地与与会者的思想情绪产生了共鸣。

二、演讲的基本技巧

1. 语言要体现思维性

演讲最重要的前期准备就是演讲的语言——演讲稿。一篇逻辑性强、脉络清晰、论述有道的演讲稿，定能辅助你完成一次成功的演讲，并展现你的思维素养。那么，如何才能设计别致的、让人眼前一亮的演讲稿呢？让我们来详细学习一下演讲语言的基本技巧吧！

（1）标题宜新颖。标题是演讲内容的聚焦，一般能揭示主题，展现内容的特点。新颖的标题，往往能吸引听众的注意，让观众对演讲接下来的内容产生好奇。例如：

鲁迅的演讲《娜拉走后怎样》、《聪明人不能做事，世界是属于傻子的》，白岩松的演讲《人生就是一场跟岁月的谈判》、《青春、信仰与幸福》，杨澜的演讲《世界上人们最恐惧的事情》等，新颖的标题会让演讲更亮眼。

（2）开头宜别致。我们常说"先声夺人"，一个富有演讲经验和学识的演讲者，通常都非常重视开头的设计。别致的开头语能以最快速度引起听众的关注，赢取听众的兴趣，能很好地引入主题，把控整个演讲会场的情绪。因此，对于开场白，需要因事因地因人精心而巧妙地加以设计。

① 直接亮剑式。在演讲伊始便抛出论题，不做非必要的铺陈，直接亮明自己的观点或态度，主张什么，抵制什么，紧接着进行阐述。例如：

● 1941年，德国马克思主义政治家李卜克内西在《在德国国会上反对军事拨款的声明》的开头就说："我投票反对这项提案，理由如下：……"

● 某高级技工学校的晨会上，学生会代表上台进行"地球一小时"活动倡议演讲，他开头说道："地球是我们共同的家园。在此，我将就'地球一小时'活动向大家提出倡议……"

这两例的开头都直奔主题，开宗明义地提出自己的观点或目的，非常直白易懂。

② 设疑启发式。巧妙设疑是演讲中常见的开场方式之一，目的是为了唤起听众对演讲话题的思考，增加对演讲内容认识的深刻程度。形式可以是设问，即自问自答；也可以是抛出问题不回答，使之成为贯穿整篇演讲始末的线索，等待演讲者将其中的真理与奥秘在演讲中娓娓道来。例如：

俞敏洪在《创业的八大能力》的演讲中，开场白是"这次给我的主题是关于大学生创业的，在我看来，大学生创业主要体现在以下八个能力上。第一个能力就是目标能力。首先，大家都想创业，谁不想自己当老板呢？可是你还得问自己一个问题，为什么要创业？你有什么样的目标？想把它做成什么样的状态？……"这一例子，在演讲开头便一次性抛出了四个问题，层层递进，启发听众对于"创业"的思考。

③ 实例触动式。在演讲前有意识地选取一个实例导入论题。实例最好是能紧密切合主题的，是发生在我们身边或是显而易见的，是具有冲击力或触动性的。在描述实例的时候，要注意对语言、篇幅、时间的有效把控。例如：

曾有一则报道引起了民众热议：2017年9月，广东珠海一名16岁中学生曾某在闹市飙车，在30秒内连撞两车，造成其头部重创，当场死亡。经过调查，交警发现他的摩托车本来在右侧车道行驶,在临近路口处曾某为了超车,突然从灰色翼虎小车的左侧逆行快速超车,不慎撞到左侧后视镜,连人带车飞出,向前滑行近20米撞上白色福特小车,最终酿成了不可挽回的惨剧。这是一则中学生因飙车而死亡的交通安全事故的真实事例,当我们在进行"安全""交通安全""珍惜生命"等主题演讲的时候,选用这些触目惊心的案例,更能加深对听众的震慑、告诫和教育的作用。

④ 幽默调节式。即通过幽默、诙谐或自嘲式的语言来开启演讲活动。这种开场白往往能在最短的时间内拉近演讲者与听众之间的距离,调节会场的氛围,也能体现演讲者的机智和才华。如果听众不断发出笑声,那说明他们在认真倾听,这是一种正向的反馈信号,表明你的幽默是成功的。例如:

● 一个学生的演讲开场白:"老师、同学们:大家上午好。请你们看看窗外,晴空万里,阳光灿烂,知道为什么吗?那是因为今天我要演讲!下面,我将开始我的演讲……"

● 余光中先生一次演讲的开场白:"麻烦把花移开,我希望所有同学都能看得见我!"

● 一个汽车维修车间准备召开月度工作总结会,但会场秩序混乱,员工们都各自聊着天,或忙活自己的事。主管看到这个场景,说了一句:"请大家现在对一下表。"员工们满脸疑惑,只见主管认真地注视着自己的手表,他们也开始对起时间。"现在是10点28分,不准的请马上拨正。这次总结会我的发言只需30分钟。若我没有按时结束,请在场的'大力士'们把我扔出去!"会场立刻爆发了一阵强烈的欢笑声,紧接着大家便聚精会神地倾听总结会。

在听众比较倦怠或精神不集中的情境下,采取幽默、诙谐的语言作为开场白,往往能稳定会场的情绪,使听众在愉快、轻松的环境下进入演讲活动当中。

⑤ 故事引入式。在演讲之前先讲一个富含深意的故事,通过故事亮出自己的观点,引入演讲的内容。安排的故事要契合主题,情节紧凑,与后续演讲的衔接要流畅、自然。例如:

俞敏洪在演讲《平凡的日子与伟大的人生》中提到:"能够到达金字塔顶端的只有两种动物,一是雄鹰,靠自己的天赋和翅膀飞了上去;另外一种动物,也到了金字塔的顶端,那就是蜗牛。我相信蜗牛绝对不会一帆风顺地爬上去,一定会掉下来、再爬、掉下来、再爬。但是,蜗牛只要爬到金字塔顶端,它眼中所看到的世界,它收获的成就,跟雄鹰是一模一样的。所以,尽管生命的起点由不得自己选择,但是生命的终点是由自己决定的。"

(3) 主体宜合理。主体是演讲的中心内容,是指开头与结尾之间的部分。它要就开头部分提出的观点进行论证分析,做到内容充实、结构优化、起伏自然。

① 充实内容。在对演讲主题进行论证的过程中,不能只停留在笼统和抽象地说理,而是要具体化、论据化,要依靠典型的素材、详尽的案例加以佐证,以增强演讲的可信度、说服力。最重要的是紧扣主题,把持主线,分清问题的主要矛盾和矛盾的主要方面。

② 优化结构。主体部分的逻辑结构是否合理是影响整篇演讲的关键。相同话题、相同案例、相同背景下,不同的组织和安排形式,呈现的效果将会大相径庭。如何才能最大程度吸引听众,让听众信服呢?这就要对演讲主体的结构进行整合优化了。

③ 自然起伏。演讲的主体除了要结构合理外,不同部分的语言也是有讲究的。要特别注意起伏、过渡的自然衔接,高潮部分的语言一般具有简短、情深、意切的特点,要起到唤醒气氛的作用;过渡部分的语言一般则更委婉、平缓,使演讲更融合流畅,听众更容易

理解接受。

（4）结尾宜回味。演讲的结尾极为重要，它是对前面演讲内容综合性的归纳与总结。结束语的表达技法多样，或精炼概括，点明要旨；或情感洋溢，鼓动号召；或蕴含哲理，发人深省；或心满坚定，展望未来。优秀的演讲家非常注意在演讲的结尾处给听众留下深刻的印象，让听众对整篇演讲回味无穷。

① 总结点题式。用简练有力的语言对演讲的核心内容进行归纳总结，在演讲的最后回归中心，再次点题，强调自己的观点、思想，加深听众对演讲的印象，产生强烈的共鸣。例如：

在演讲《匠心筑梦，精彩人生》的结尾："从现在开始，把工匠精神融入我们的专业学习，刻苦钻研理论，认真参加实训，或许我们不能像大国工匠们那样震撼眼球，或许我们毕业后只是奋斗在车间一线的一角，但只要我们匠心筑梦，我们的人生一定会精彩纷呈！定能为我国的繁荣昌盛贡献力量！"在演讲的最后，再次点题"匠心筑梦，精彩人生"，让人精神振奋。

② 号召鼓动式。在演讲的结尾，发出掷地有声的倡议和号召，点燃听众情感和信念的火花，把演讲的情绪推向顶峰。例如：

在某学校的"文明书香校园"活动会场上，学生代表就"读书节"进行演讲，结尾说道："同学们，让我们共同遨游书籍的海洋吧。让阅读为我们的进步与成功奠基，为我们的奋斗与发展助力！让阅读在我们学校蔚然成风，让浓厚的书香弥漫我们的校园！让阅读伴随着我们，迈向更美好的生活、更灿烂的未来吧！"演讲结尾提出倡议，鼓动听众接纳自己的建议，有助于让听众做出自己希望的行动。

③ 哲理寓意式。借用富含深意的名人语录、哲理警句、谚语诗句等作为演讲的结尾，使语言表达更加精致、简约，增加演讲内容的可信度。例如：

演讲《做有道德的人》中，结尾是这样的："英国著名作家雪莱曾经说过'道德的最大秘密就是爱；或者说，就是逾越我们自己的本性，而溶于旁人的思想、行为或人格中存在的美。'希望在座的每一位同学，都能心存道德，坚守道德的底线，践行美好的道德行为……"

④ 展望决心式。演讲者在演讲的结尾处提出要求和展望，表明努力的决心，增强演讲的感染力，充盈着正能量。例如：

一篇纪念"五四运动"的演讲结尾："我们是国家和民族的希望，让我们高举五四的火炬，用我们的青春与热血，积极投身社会主义的伟大事业，我们一定能不负重托，我们将无愧为跨时代的中国人！"铿锵有力的呐喊，表达了演讲者坚定的信念和决心，带给听众强烈的心灵冲击。

⑤ 反问余味式。用反问的形式作为演讲的结尾，给听众留下悬念和思考的空间，让听众对整个演讲的内容进行反思和回味。例如：

演讲《人生的价值如何定义》中的结尾："人生的价值如何定义？相信大家心中都有答案。雷锋只是一个普通人，却在其短暂的生命中创造出了巨大的人生价值，给我们留下了伟大的榜样和珍贵的精神财富。那么，亲爱而年轻的同学们，在未来的生命道路中，我们又将如何定义我们人生价值？做些什么？创造些什么？留下些什么？"用一系列的追问，让听众思索和探究，语尽而意犹存。

2. 有声语言要展示层次感

若说演讲内容能体现演讲者的思维性，那有声语言便是能展示演讲层次感的重要利器。有声语言是演讲者演讲最主要的呈现方式，跌宕起伏、饱含情感的有声语言，美妙的语音、语调、适时的停顿等，一定能为你的演讲锦上添花。

（1）语音适中。语音最基本的要求就是吐字清晰，语段连贯，要让听众知道你说的是什么；二是声音要明亮，要自信大方，不能吱吱细语，过分腼腆拘谨；三是语速要适中，语速过快往往会模糊字眼，影响信息的获取，语速过慢，过于拖沓，会导致一种不愉快的听觉感受。

（2）语调得当。演讲中，语调要根据演讲的内容和情绪情感的增减进行合理转化。情绪高涨时可以上升语调、加重语气以引起注意，情绪平缓时可平铺直叙，用陈述语气。

（3）停顿巧妙。在演讲当中，停顿也是有许多巧妙之处的，体现不同的功能。适时的停顿，一是起到强调作用，吸引听众的注意力，指引听众继续往下听；二是抒发强烈的情绪情感，调节会场的节奏，让自己的演讲更加收放自如。例如：

● "使人生快乐的一个永恒真理，那就是爱。爱你的生活，爱你的事业，爱你每天在做的事，爱你身边每一个朋友。唯有如此，你才能每天沐浴于阳光下，而不是藏匿于阴霾中。"

在此例中，可以在"爱"的内容之间稍稍停顿，进行说明、强调。

● "只见父亲猛地跑到孩子的面前，紧紧地握着他的手，'强强，强强……'他慌极了，他摸着他，摇晃着他，不断地呼唤着他。可是，孩子一直都没有回应，手脚冰凉得瘆人，父亲高喊起来：'医生！医生在哪里？我的孩子怎么了？'"

这是演讲中的一段细节叙述，适当的停顿有利于营造一种紧张、焦急的情绪，加深听众对演讲的印象。

3. 态势语言为辅助

除有声语言外，在演讲中还存在另一种借助面部表情、手势动作、站姿体态、衣着服饰等协助演讲的非口头语言——态势语言。有效利用态势语言，有助于演讲者更好地组织演讲活动，展示演讲者的风采和精气神。

（1）面部表情。在演讲中，听众聚焦最多的莫过于演讲者的面部表情。首先是眼神。我们常说，眼睛是心灵的窗户，通过与听众的眼神交流，实现心与心之间的碰撞。其次是笑容。演讲时表情轻松、面带微笑，充分展示亲和力，可以稳定听众的情绪，拉近与听众之间的距离。

（2）手势动作。在演讲的过程中，手势动作也十分重要。从手势的活动范围来分析，当手势在肩部以上区域时，多表示高亢热烈、赞颂激扬、鼓励号召的情感；当手势在腰部至肩部区域时，多是平实陈述、知识性的教育等；当手势在腰部以下区域时，则更多是批评、不认可、蔑视的意味了。这也就提示我们，要特别注意手势动作的使用。

（3）身姿体态。身姿体态最能代表演讲者的精神面貌，自信坦然、阳光灵动、英姿飒爽的身姿体态是最打动人的。在上、下台时，步态要稳健，在演讲过程中要挺胸、收腹、抬头，大方庄重，切不可东摇西摆。

实训练习

（1）请综合运用演讲的基本要求和技巧，有感情地朗读一段演讲片段。

（2）请以下面的新闻背景为话题，做一次演讲。

新闻背景：2020年伊始，一场突如其来的新冠肺炎疫情肆虐中华大地。这次疫情是新中国成立以来我国遭遇的传播速度最快、感染范围最广、防控难度最大的一次重大突发公共卫生事件。面对疫情，我国仅用3个月左右的时间就取得了武汉保卫战、湖北保卫战的决定性成果，进而又对黑龙江、北京、河北等地几场局部地区聚集性疫情进行了有力防控，夺取了全国抗疫斗争重大战略成果。

在同疫情的殊死较量中，14亿多中国人民在以习近平同志为核心的党中央坚强领导下，同呼吸、共命运，肩并肩、心连心，铸就了生命至上、举国同心、舍生忘死、尊重科学、命运与共的伟大抗疫精神，彰显了中华民族的力量与担当。

学习评价

序号	内容	评价				备注
		完全掌握	基本掌握	较多不懂	未能掌握	
1	演讲的基本要求					
2	演讲的基本技巧					

任务二 竞聘演讲

学习目标

1. 了解竞聘演讲的基本要求。
2. 掌握竞聘演讲的基本技巧并灵活应用。

技能要求

1. 学生能依据竞聘演讲的基本要求，进行竞聘演讲的前期准备。
2. 学生能运用竞聘演讲的基本技巧，上台模拟一次竞聘演讲。

竞聘演讲是演讲的一种形式，是指竞聘者以竞得某一职务为目的，通过当众演讲的形式向听众传达基本情况、任职优势、工作设想等信息，并由评委或领导确定最终人选的演讲过程。成功的竞聘演讲能让演讲者顺利收获一个理想的岗位，收获更多的发展机会。

一、竞聘演讲的特点

（1）目的特殊性。竞聘演讲的目的是为了获得相应的岗位或职务，因而演讲的语境和背景是特定的。在演讲过程中，要重点突出"我更优秀""我更适合"和"我更能胜任"。

（2）内容固定性。竞聘演讲的内容和结构比较固定，通常以介绍个人情况、分析任职优势、阐明未来的工作计划等为主要内容。

（3）过程竞争性。竞聘演讲本身就是一种竞争形式。要想在竞争中占据有利地位，就必须做好充足的应战准备，要认真准备竞聘演讲稿，并提前进行演练，对突发情况进行预测并想好对策。

（4）语言互动性。竞聘演讲是很讲求跟评委和领导之间的互动的，不仅是有声语言，还包括态势语言。如果对方目光集中且点头微笑，则表示其认可你的表述；若对方目光游离并眉头紧锁，则说明对你的发言存在疑惑，甚至否定。

二、竞聘演讲的基本技巧

竞聘演讲跟普通演讲一样，整体结构包括标题、称谓、开头、主体、结尾等部分。但在普通演讲的基础上，竞聘演讲又有其特点，因而演讲技巧上也会有所不同。同时，鉴于竞聘演讲内容有固定的格式和结构，要避免评委审美疲劳，我们必须有所创新、与众不同。

1. 标题表态度

在实战的竞聘演讲中，一般会省略标题，但若是递交书面竞聘书，标题就是必要的。竞聘演讲稿的标题，可以直接是"竞聘稿""竞聘书""竞聘演讲稿"；可以用公文标题格式，如"关于竞聘……的演讲稿""关于……的竞聘演讲稿"；也可以更富有特色和内涵，如"倾心奉献 服务师生——学生会主席竞聘稿"等。前一节已经提到，新颖的标题更能吸引阅读者，因而最后一种标题形式更加提倡，因为文章式的标题更能透露出演讲者个人的价值目标和态度倾向性。

2. 称谓显尊重

在竞聘演讲中，台下通常是评委和领导，因此称谓直接是"尊敬的各位评委""尊敬的各位领导"，演讲时语言要诚恳、真诚，让听众感受到你对他们的敬畏和尊重。

3. 开头引关注

评委往往会根据他们最初的感受给予演讲者一个最基本的评价。如果你的演讲的开头别具一格，评委会更愿意往下听。开头语的篇幅要拿捏好，不可冗长也不可偏短，一般占整篇演讲的10%～15%为宜。开头语的形式有多种，下面给大家举几个例子。

（1）表达感谢。表达感谢是竞聘演讲中最为常规的开场白。当你时间紧迫、没有想到更好的开头时，表示感谢不失为一个保险的选择。例如：

"能够参加今天的竞聘，我感到非常荣幸，首先要对大家表示感谢。首先，非常感谢各位领导、同事给了我这样一个珍贵的、自我展示的机会和平台。"

开篇诚挚地表达感谢，可以让领导和评委们感受到你的诚意。

（2）设置疑问。在竞聘演讲中巧妙设疑，引起评委和听众的注意，让他们更关注竞聘者接下来的发言。例如：

"我参加过多次学生会干部的竞选，但都失败了，大家或许会问，为什么我还没放弃？"

"在竞聘学生会外联部部长前，我曾经问过自己：我为什么要竞聘？我有什么过人之处？如果我竞聘成功了，我能为外联部、为整个学生会做些什么？"

疑问能让领导和评委们对你和你的演讲产生好奇，同时，也让他们知道，在你决定竞聘之前，是经过认真和谨慎的思考的，你的演讲是深思熟虑后的成果。

（3）情景借用。借助当下的环境特点来渲染现场气氛，抒发演讲者内在的情感，调动听众热情。例如：

"我刚刚听到窗外有悦耳的鸟叫声，或许它也在为我们今天的活动助兴呢！"

"尽管此时窗外电闪雷鸣、狂风暴雨，但在这里看到大家，我内心立刻阳光明媚起来。"

情景的借用也是讲究技巧的，前一句景色美好，因而顺水推舟引至"为活动助兴"；后一句景色恶劣，可以对比使用，借外面的"雷鸣""狂风"衬托出会场的气氛，表达内心"阳光""明媚"。

（4）姓名解读。对自己姓名的内涵进行解释说明，以一种风趣幽默的口吻引入主题，更生动形象。例如：

"我叫龙腾，属相龙的龙，腾飞的腾，家里人希望我能像蛟龙一样，自由腾飞，有顺利、美好的未来。在各位的脑海中，是否已经出现了一个壮观的画面了呢？"

该例子通过解读自己的名字，生动地描绘出"蛟龙腾飞"的意境，引发听众的想象，轻松愉悦。

4. 主体展实力

竞聘演讲的主体部分，主要目的是阐述亮点、展示实力——秀"干货"，主要包括"描述个人情况""突出任职优势"和"阐明工作设想"三项内容。因其相对固定的结构和格式，领导和评委们在听的过程中难免会产生审美疲劳。那么，如何才能在千篇一律的演讲中，彰显自己"更优秀"呢？

（1）描述个人情况。在竞聘演讲中，竞聘者首先要对个人的基本情况进行客观、真实、精简地描述，包括姓名、年龄、籍贯、受教育程度、实习经历、工作履历、何时何地受过何种奖励等，让评委们和领导能初步认识你，有个大致的印象。例如：

● "大家好，请允许我简单介绍一下自己。我是来自信息技术系广告设计1701班的陈浩，现在是学院学生会宣传策划部的一名干事，主要负责宣传海报的设计、活动宣传等工作，今天我竞聘的是宣传部部长。"

● "为了让大家对我有一个初步的了解，我先介绍一下自己的基本情况。我叫周敬涛，今年20岁，广东茂名人，毕业于广东×××高级技工学校，学习的是汽车维修专业。过去一年在我们××公司4S店负责汽车维修与保养的工作，今天竞聘的岗位是车间组长。"

（2）突出任职优势。在竞聘演讲中，更全面地阐明优势，就意味着把握了更大的获胜筹码。在准备阶段，演讲者应该仔细分析和研究竞聘通知，对照公告中提及的岗位条件审视自我；在说明具体优势内容时，要尽可能贴近相关要求，切忌片面理解或理解偏差；最重要的是，阐述时不能泛泛而谈，要拿出事实依据，举例陈述，充分说明理由。例如：

"各位领导和评委，大家好。我之所以鼓足信心来参加今天的人力资源主管的竞聘，是因为我觉得凭借以下优势，我可以胜任这项工作。

① 专业扎实。我是人力资源专业毕业的，扎实掌握相关的专业知识和实践技能，并顺利考取了人力资源管理师二级证书、劳动关系协调师证书。

② 经验丰富。毕业至今，我已经从事人力资源方面工作五年，能够熟练、独立开展人员招聘、甄选、培训、开发，能够很好地进行绩效管理、薪酬管理及处理劳资关系，具有较为丰富的经验，业务能力强，更容易进入工作状态。

③ 热情饱满。我热爱我的工作，始终保持着高度的工作热情和积极性，勇于接受挑战，永不言败。同时，跟领导、同事之间相处融洽，待人真诚，受到大家的欢迎。

④ 业绩优秀。工作期间，多次协助公司开展大型的校园招聘会及入职培训、室外拓展

活动等，获得了公司"最佳员工奖""工作积极分子"称号。

该例子通过将优势进行归纳分类，从"专业扎实""经验丰富""热情饱满""业绩优秀"四个方面进行演讲，分析细致，表达清楚。

（3）阐明工作设想。即把你对未来工作的计划和展望进行说明。如果成功竞聘上该岗位，你计划如何改变和完善日后的工作？在阐述时，应偏重于关注现阶段的重点工作，以及与竞聘岗位关系密切的内容，策划的具体工作应提出有建设性的措施和规划方案，与之关系较远或无关的内容适当略讲。例如：

"如果竞聘社团联合会会长成功，我将从以下几个方面开展我的工作：

① 严抓基础工作。做好基础管理工作，包括整个社团联合会的日常事务管理，建立、健全联合会的各项规章制度，优化工作方法，密切关注各个社团的运作情况，提高服务效率和质量。

② 丰富校园生活。联合各社团开展同学们喜闻乐见的校园文化活动，如社团盛典、社团嘉年华等文体娱乐活动，为同学们创造更丰富多彩的校园生活。

③ 打造精品社团。不断学习和引入新的理念，为我们的社团增添更多富有时代特色的新鲜元素，同时改革现阶段存在的陈旧的、不合时宜的部分。例如，可以邀请团建方面的专家、艺术方面的专家给我们的社团进行培训等，使我们的社团组织成为真正锻炼学生、全面发展学生的平台，发挥出我们社团联合会不可替代的作用。"

该演讲从"严抓基础工作""丰富校园生活""打造精品社团"三个方面总结竞聘社团联合会会长成功后的工作设想，与竞聘岗位紧密结合，符合社团实际，条理清楚，具有说服力。

5. 结尾示决心

竞聘演讲的结尾一般以前一节提及的"号召鼓动式"和"决心展望式"为主，目的是要振奋人心，给听众一个最深刻、最难忘的精彩落幕。同时，可以增加"拉票"方面的内容。例如：

- "各位领导、各位评委们，请你们相信我，我一定会拼尽全力，做到最好！请大家把手中神圣的一票投给我吧。谢谢大家。"
- "同事们，请你们支持我吧。只要我们齐心协力，定能创造出公司新的辉煌。祝愿我们的公司蒸蒸日上，并由衷希望我能成为大家的选择！"

实训练习

张奇是广东省××经贸高级技工学校的学生，是管理系学生会文娱部的干事，也是电子商务2015级03班的文娱委员。他的性格阳光外向、幽默风趣，和同学们相处融洽。作为班级的文娱委员，他除了协助班级进行音乐素养课程的日常管理外，还需要协助系部举办文娱活动，如合唱比赛、街舞比赛、小品、魔术活动等。张奇要负责的事情包括许多方面，如活动的策划、活动的人员安排、节目的编排、活动会场的布置等。因为工作认真负责，张奇被评为了2015年度管理系学生会"优秀干事"。

现在学生会将进行新一届的竞聘，张奇根据自己的实际情况和兴趣倾向，希望竞聘管理系学生会文娱部的部长，需要准备一篇演讲稿，并进行竞聘演讲。

假如现在你是张奇，请准备演讲稿并模拟一次上台竞聘演讲。

学习评价

序号	内容	评价				备注
		完全掌握	基本掌握	较多不懂	未能掌握	
1	竞聘演讲的特点					
2	竞聘演讲的基本技巧					

任务三　即兴演讲

学习目标

1. 学生能了解即兴演讲的特点和基本要求。
2. 学生能掌握即兴演讲的基本技巧并灵活运用。

技能要求

1. 学生能依据即兴演讲的基本要求开展前期准备。
2. 学生能运用相关技巧，完成一次2分钟的主题即兴演讲。

即兴演讲，是指演讲者在毫无准备或简短准备的情况下，不凭借文稿来进行的、对某一个特定的主题或问题进行论述或阐述观点的过程，是一种能充分展示个人语言魅力的口语交际形式。

一、即兴演讲的特点

（1）临时性。即兴演讲往往是在毫无准备的情况下发生的，是一种临时性的演讲形式，要求发言者思维敏捷，对问题能迅速应对，要求能承受心理压力。

（2）简练性。即兴演讲一般有一定的时间限制，语言要求逻辑清晰、简洁精练、把控时间，必要时可使用幽默言辞增加亲和力。

（3）针对性。即兴演讲要紧紧围绕主题展开，还要注意演讲时的环境，针对不同的场合和听众，采取与之相宜的演讲方式，做到有的放矢。

（4）展示性。即兴演讲能充分展示演讲者的知识程度和心理素质，展示一个人的才气，能给听众留下深刻而难忘的印象。

二、即兴演讲的技巧

1. 针对场合选好主题

即兴演讲具有临时性的特点，因而主题的选择更依赖于时下的场合。我们要有意识地关注周围人和环境的变化，学会选择与会场活动紧密联系的话题，或与关键人物相关的话题，做好随时进行演讲的心理准备，避免出现临场的慌乱。

2. 围绕主题组合材料

为了让即兴演讲的内容更充实，得以更有序地展开，就需要对已有的素材进行优选组合。如何在有限的时间内快速组合材料呢？有以下几个技巧。

（1）正反衬托法。快速捕捉材料的正反面关系，形成正反对比的思维脉络。即围绕主题，先选用一到两个正面事例来阐述观点，再选一到两个反面事例来辩证批驳，最后归纳和总结。例如：

"诚信，是一个人最宝贵的品质。诚实守信会受到他人的尊重，而违背诚信的人则会被社会所唾弃。在我们的身边，有这样一些普普通通的人，他们虽不是杰出伟人，但他们诚信的品质却感动着我们，撼动着我们的心灵。2010年2月10日凌晨，南兰高速上发生重大车祸。谁也没想到，这起车祸却牵出一个感天动地的故事：为抢在大雪封路前给已回武汉的民工发工钱，武汉市黄陂区建筑商孙水林连夜从天津驾车回家，一家五口不幸在车祸中遇难。为替哥哥完成遗愿，弟弟孙东林在大年三十前一天，将33.6万元工钱发到60多名民工手上，深刻诠释了诚实守信的美好品德。而有些人，为了个人私利不惜违背诚信原则，欺骗和侵害他人利益。如2011年，××公司生产的含有"瘦肉精"的猪肉，冲破十八道防线流入市场。这种不诚信的商业行为严重损害了消费者的生命健康安全，是非常恶劣的，必须依法追究和制裁。"

这种处理方式，能够给听众留下深刻的印象，增强演讲的条理性和说服力。

（2）时间线索法。针对拿到的话题，以时间为线索进行推演，将事物动态的发展描述出来。例如：

在一间公司10周年的庆典晚会上，老总对公司这10年的奋斗历程进行即兴演讲："我们×××新能源股份有限公司成立于2008年，是一家专业做新能源电池的公司，是一家集先进储能材料、先进电池、电动汽车动力电池能源包及其延伸产品的研发、生产、销售和服务于一体的高新技术企业。经过10年的发展，公司在学习国内外先进技术和工艺的基础上，集多年在新能源电池行业的智慧和经验，产品的稳定度、可靠度位居全国领先地位。未来，公司还将继续坚持技术创新，积极参加行业交流活动，把我们的公司打造成为全国一流的新能源企业。希望在座的各位员工们能够继续支持公司的工作，共同创造属于我们公司新的辉煌。"

通过此例可以看出，抓住时间顺序，能快速高效地实现素材的整理。

（3）递进论述法。采用层层剖析、层层递进的方式，紧扣所要演说的主题，逐步深化。例如：

某副校长在"世界读书日"动员会上的讲话："俗话说'知识改变命运'，读书是我们成长成才的重要路径。读书能让我们收获知识、提高技能，更能丰富我们的生活。同学们，你们是清晨的太阳、是民族的希望、是祖国的未来，肩负着实现新时代'中国梦'的历史使命。养成好读书、勤读书、读好书的习惯，不仅有利于你们，更有利于民族的整体素质和前途未来。希望你们勤奋读书，利用好时间和资源，增长知识、提高素质，为建设富强、民主、文明、和谐、美丽的社会主义强国提供强大的智力支持。"

该例从读书是什么、为什么要读书到怎么读书，层层递进，深化主题。

（4）联想扩展法。即从特定的话题或具体的意象开始，展开联想，拓宽思路，快速组材。当提及"小米"，我们可以展开丰富的联想：一是可联想到粮食小米，可以谈谈现阶段我们国家的农业发展、新农村建设问题;二是可联想到"小米手机",谈谈像小米手机等国产品牌的发展,联想自主创新方面的内容;三是可联想到"小米加步枪",谈谈我们的革命先辈为保卫国家做出了历史性的贡献,以及爱国主义方面的内容。联想可帮助演讲者在短时间内找到演讲的素材,让自己有话可说。

(5)经历回忆法。在即兴演讲中,可以采用经历回忆的方法,把自己的切身经历作为演讲的素材。熟悉的内容能帮助演讲者快速进入演讲的状态。例如:

这是一位护士的获奖感言:"首先,我要感谢我的职业,是它让我懂得了生命的可贵,让我知道了如何平等、善良、真诚地对待每一个生命,让我懂得了平凡就是幸福,奉献就是美德。那是三年前的一个严冬的深夜,还沉浸在睡梦中的我接到一个紧急电话,说是有一台急诊手术,需要我回去帮忙。我冒着凛冽寒风,在漆黑的夜色中回到医院,脸都冻僵了。可当我看到躺在病床上奄奄一息的病人那惨白的脸庞时,我的爱怜之情涌上心头。我们马上投入手术,经过近3个小时的急救,病人终于脱离了生命危险。当我们把病人推出手术室,看到家属们对我们殷殷道谢、感动流泪的时候,我也深深体会到了自己职业的重要性和巨大的价值感。病人们是多么信任我们,才把自己的生命交给我们。因此,我们必须承担起作为医护工作者的责任,给病患们提供更优质的医疗卫生服务。只有这样,才对得起这份神圣的工作!"

这是一个获奖者所做的即兴演讲,回忆自身经历,感悟身为一名医护工作者的强烈的价值感,将真实的抢救经历纳入演讲中,深刻感人。

3. 精简语言、深情演绎

在确定主题和组合材料之后,就是实际演讲了。即兴演讲多是在激动情境下的突然起意,因而演讲时切忌长篇大论,要精简构思,一气呵成。同时,语言要深情、生动、高雅,采用听众喜闻乐见的表达形式。

(1)巧用比喻解释。面对突如其来的提问,有时候很难用几句话把问题解释清楚,这时如果运用合适的比喻,则能化难为易,收到事半功倍的效果。例如:

"说到师德,许多人引用传统的比喻——教师像蜡烛一样,照亮了别人,燃烧了自己。这种崇尚奉献的'蜡烛精神'固然可贵,但如果我们当老师的都把自己燃烧尽了,何以继续照亮别人呢?新时代教育更需要呼唤'路灯精神':像路灯一样不断充电,给黑夜带来光明;像路灯一样忠于职守;像路灯一样不图名利。"

(2)巧用数字说明。数字具有表达准确、说服力强的特点,恰当运用数字来说明问题,能够使语言表达更加精辟和清晰。例如:

"世界上有些人对数字有偏爱,如'9'是一个很好的数字,它寓意深刻、含义丰富。'9'的上半部分是一个圆,好像这桌上的圆杯,'9'的下半部分是一撇,形似杯中外溢的水,满盈之久,正好体现我们村岁岁丰收、事事圆满、感情长长久久。"

实训练习

从下列命题中抽取一题,迅速构思并发表2分钟的即兴演讲。

1. 人生需要拼搏
2. 生命的意义由自己创造
3. 做新时代的工匠

4. 生存没有绝境
5. 善良是最珍贵的美德

学习评价

序 号	内 容	评 价				备 注
		完全掌握	基本掌握	较多不懂	未能掌握	
1	即兴演讲的特点					
2	即兴演讲的技巧					

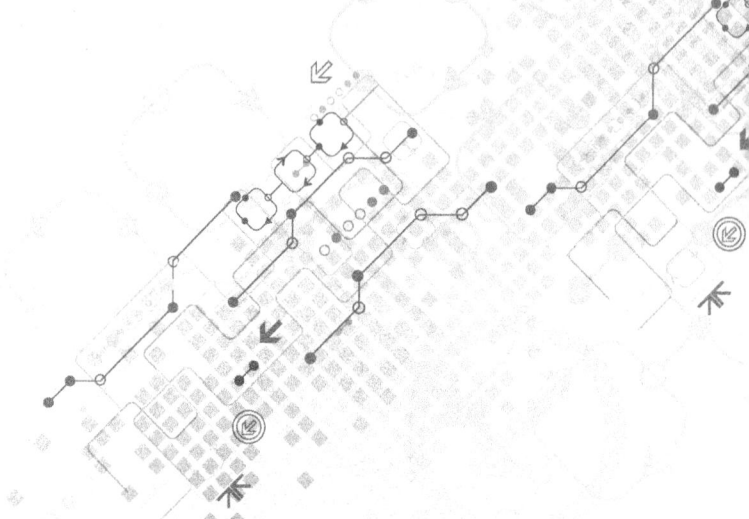

模块二　职场运用

项目一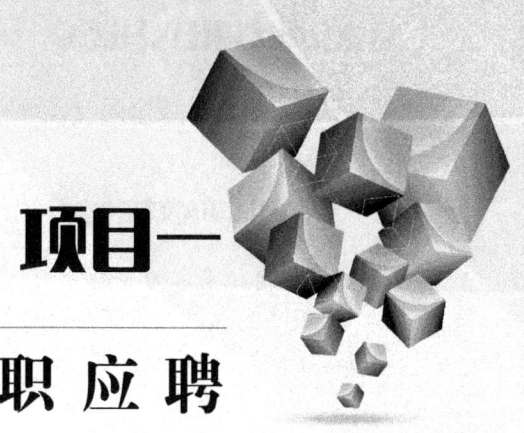

求职应聘

任务一 求职的语言技巧

学习目标

1. 了解求职口语的作用和特点。
2. 了解求职自我介绍的注意事项。
3. 掌握求职自我介绍的技巧。

技能要求

学生能使用多种技巧进行自我介绍。

随着社会经济的发展、科技信息的广泛使用，人才市场竞争日趋激烈，如何在高手如云的竞争队伍中脱颖而出、得到用人单位的青睐、步入职场实现自己的理想、展示自己的才华和技术，是每位求职者普遍关心的问题。

一、求职口语的作用

1. 成功获得职位

求职的成功与失败有时往往取决于某一次谈话。面试是求职者推销自己的良好机会，也是对求职者表达能力的一次考验。要让面试考官在短时间内认识和欣赏自己并非易事，求职者只有熟练地掌握求职口语交际的艺术，做到"敢说、会说、巧说"，才能在激烈的面试竞争中脱颖而出。

2. 获得职位有效信息

求职者初次接触就业职位并不能确定未来的职业方向，很容易出现选错行业和错位就职的情况。在求职过程中，招聘方通过交谈了解求职者是否适合岗位，求职者也可以通过咨询了解招聘单位的发展情况、职业前景等，以决定自己是否接受这份工作，实现双向选择。

3. 事业发展条件

口语交际能力是求职者职业生涯中必须储备的能力之一，拥有较好的语言表达能力，可以获得更多的发展空间与晋升机会，同时好口才也能积聚好人缘，让更多的人认同自己、帮助自己。

二、求职口语交际特点

1. 以岗位需求为导向

求职者的面试只有短短几分钟时间，求职者回答面试官问题必须结合岗位实际、围绕问题作答，切忌漫无目的的空谈。

2. 以自荐为目的

求职就是想找一份好工作，把自己推荐给用人单位。作为求职者要有针对性地优化自己，显示自己的能力与价值，恰如其分地推荐自己，让面试官认可自己，获得理想的岗位。

3. 以自信与艺术为亮点

求职过程中，面对招聘方五花八门的"拷问"难题，求职者自信、巧妙、艺术的回答往往能吸引面试官的注意，为自己赢得良好的印象分。

三、求职自我介绍技巧

1. 直白式

直白式就是原原本本、直截了当地告诉招聘者自己的基本信息和求职意向，这种介绍轻松自在、简单直接。例如：

"我叫陈金鹏，家乡是广东湛江，毕业于××技师学院/高级技工学校，学的是模具专业，此次竞聘钳工岗位……"

2. 文雅式

文雅式就是把话说得很得体且有文采，以显示自己丰厚的文化底蕴和涵养水平。例如：

"鄙人舒芳，祖籍山东省，就读于××技师学院，所学专业为机电一体化，同时制冷专业也有涉足……"

3. 成果式

成果式就是着重介绍自己的成果，用成果去抓住并打动招聘者的心。这种介绍重点突出，能吸引招聘者的关注，突出自己的能力优势。例如：

"我叫应詹红，就读于×××技师学院，曾获得浙江省汽车维修专业技能竞赛一等奖，代表浙江省参加全国技能竞赛……"

4. 幽默式

幽默式就是通过幽默风趣而又自然的介绍，给人耳目一新的感觉，同时又给面试场合增添轻松愉快的气氛。这样的介绍能给招聘者较为强烈的第一印象。例如：

"我是黄海，是一名来自广东省、毕业于××技师学院的凤凰男，知名度虽小，但成绩优良、技能不少……"

5. 职务式

职务式就是列举在校时担任的职务来显示自己的学识技能水平和组织能力，这种介绍容易让求职者成为用人单位的首选目标。例如：

"我叫王东涛，××技师学院工业设计专业毕业。在校期间我担任学生会宣传部部长及书画创意协会会长……"

四、求职自我介绍注意事项

1. 把握自我介绍的时间

一般情况下,企业面试中的自我介绍以 2~4 分钟为宜,现场招聘会中的自我介绍则以 1~2 分钟为宜,具体时间分配可根据介绍的内容灵活把握。重点要在有限的时间内,针对招聘者的要求,把自己最好的一面简明扼要地表达出来。

2. 结合自我介绍的原则

自我介绍时要把握 3P+1S 原则,即自信(Positive)、个性(Personal)、中肯(Pertinent)和微笑(Smile)。回答要自信沉着,突出自己的个性,强调自己的技术和能力,但语气要中肯,全程保持微笑。

3. 注意自我介绍的逻辑

首先,要介绍自己的个人信息;然后,可以简单介绍自己的技能水平、工作经历、兴趣爱好等;接下来可以引用例子说明自己的经验与能力;最后,结合职业理想说明你应聘此岗位的原因。

4. 抓住自我介绍的要点

自我介绍的内容要详略得当,重点介绍自己具有哪些与应聘岗位相匹配的职业素养与技术能力,突出重点,与面试无关的内容最好不谈。

思考与分析:
你认为在面试过程中,应该注意哪些问题?

学习评价

序号	内容	评价				备注
		完全掌握	基本掌握	较多不懂	未能掌握	
1	求职口语交际特点					
2	求职自我介绍技巧					
3	求职自我介绍注意事项					

任务二 现场招聘应答

学习目标

1. 掌握求职基本问题应答技巧。
2. 掌握求职难题应答技巧。
3. 掌握求职典型问题应答技巧。

技能要求

1. 学生能自如应答求职典型问题和难题。
2. 学生完成一次现场招聘应答实训练习。

案例导入

案例 夏晴遇到了一个赞美她名字的面试官："夏晴，你的名字很好听呀！"对此，他的应答却不尽如人意："是吗？这个名字比较符合我的性格，夏天季节很好，晴天比较炽热，我觉得我的个性既张扬，又比较热烈积极。"

"面试官，我来自南通，您去过吗？"恰巧几位面试官都没有去过南通，当时的气氛显得十分尴尬。

"其实我虽然不是来自名校，但是我相信自己绝对不比那些名牌大学毕业生差，我一直非常刻苦，每一次考试的得分都是优，我发誓一定要比他们还要优秀……"

"我觉得我学会了与人进行沟通，学会了团队精神，也锻炼了自己的领导能力和组织能力。"

在一轮自我介绍及回答问题后，夏晴最终没有收到复试通知。

请分析夏晴求职失败的原因。

一些基本问题经常会在现场面试中提及，如"请你自我介绍一下？""你为什么选择我们公司？""你的专长是什么？""你的兴趣爱好是什么？"等。虽然这些问题看似较为简单，但作为职场的新人，回答前还是应该充分准备好。回答这种基本问题可以运用以下技巧。

一、求职基本问题应答技巧

1. 直接说明法

面对招聘者内容弹性很小的提问，采用实话实说、直接说明情况的方法。例如："你是哪所学校毕业的？""我毕业于××技师学院/高级技工学校。""你学的是什么专业？""我所学的专业是机电一体化。"

2. 提供实例法

当招聘者提出的问题需要用事实做支撑、用实例说明情况时，可以采用此方法。回答时，可以列举自己的社会实践经历、兼职经历等。例如："你在学校期间参与了哪些社会实践？""你曾经有过兼职经历吗？"

3. 凸显个性法

当你的回答具有独到见解或富有个性时，可以引起招聘者的兴趣和关注。例如："面试前，我关注了贵公司的微信公众号，一直对贵公司的发展十分关注，公司前段时间推出的新业务我也很感兴趣。"

二、求职难题应答技巧

1. 巧妙转移话题

在求职过程中，当面试官向你提出一些看似很实在、但不宜据实回答的问题时，就该转换角度、化弊为利。例如：

招聘者："你自己目前最大的缺点是什么？"

应聘者："以前，我的性格比较内向，社会活动能力较弱。我已正视自己这项缺点，让自己尽可能多参加一些社会实践或群体活动，并主动向有经验的人学习。通过锻炼，我的性格现在变得越来越开朗，社会活动能力也有所提高。"

小贴士：主动承认缺点，并把话题引向自己克服缺点的方法上。

2. 巧妙掩盖不足

面试时，应聘者面对难以用确切语言回答的问题时，可以采用"曲言婉答、暗渡陈仓"的方法来应对。例如：

招聘者："你缺乏营销经理的工作经验，怎么胜任此工作岗位？"

应聘者："的确，目前我缺乏相关工作经验，也缺乏时此工作岗位的具体感受。但我觉得，做好一项工作的关键在于责任心、良好的工作态度和实际的工作能力。我相信没有哪位经理是一开始就担任经理的，他们是靠自己的努力和能力一步步成长起来的。只要有强烈的岗位责任心和良好的工作态度，再加上自身的工作能力，就能克服其他困难，解决其他问题。"

小贴士：主动承认目前经验不足，并巧妙地引向表明自己的工作态度和工作决心上，赢得招聘者信任。

三、求职典型问题应答技巧

以下是面试中经常出现的一些典型问题，以及相应的回答思路，我们可以从中领悟出面试的规律。

问题一："请你自我介绍一下？"

思路：

① 这是面试的必考题目。

② 介绍内容要与个人简历相一致。

③ 表述方式上尽量口语化。

④ 要切中要害，不谈无关、无用的内容。

⑤ 条理要清晰，层次要分明。

⑥ 最好事先以文字的形式写好背熟。

问题二："你有什么业余爱好？"

思路：

① 业余爱好能在一定程度上反映应聘者的性格、观念、心态，这是招聘者问该问题的主要原因。

② 最好不要说自己没有业余爱好。

③ 不要说自己有一些庸俗、令人感觉不好的爱好。

④ 最好不要说自己的爱好仅限于读书、听音乐、上网，否则可能令招聘者怀疑你的性格孤僻。

⑤ 最好能有一些户外的业余爱好来"点缀"你的形象。

问题三："谈谈你的缺点。"

思路：

① 不宜说自己没缺点。

② 不宜把那些明显的优点说成缺点。
③ 不宜说出严重影响应聘工作的缺点。
④ 不宜说出令人不放心、不舒服的缺点。
⑤ 可以说出一些对于所应聘工作"无关紧要"的缺点，甚至一些表面上看是缺点、从工作的角度看却是优点的缺点。

问题四："你为什么选择我们公司？"

思路：
① 面试官试图从中了解你求职的动机、愿望以及对此项工作的态度。
② 建议从行业、企业和岗位这三个角度来回答。
③ 参考答案——"我十分看好贵公司所在的行业，我认为贵公司十分重视人才，这项工作很适合我，相信自己一定能做好。"

问题五："对这项工作，你有哪些可预见的困难？"

思路：
① 不宜直接说出具体的困难，否则可能令对方怀疑求职者能力不行。
② 可以尝试迂回战术，说出求职者对困难所持有的态度——"工作中出现一些困难是正常的，也是难免的，但是只要有坚忍不拔的毅力、良好的合作精神及周密的事前准备，任何困难都是可以克服的。"

问题六："我们为什么要录用你？"

思路：
① 应聘者最好站在招聘单位的角度来回答。
② 招聘单位一般会录用这样的应聘者：基本符合条件，对这份工作感兴趣，有足够的信心。
③ 例如"我符合贵公司的招聘条件，凭我目前掌握的技能、高度的责任感、良好的适应能力及学习能力，完全能胜任这份工作。我十分希望能为贵公司服务，如果贵公司给我这个机会，我一定能成为贵公司的栋梁。"

问题七："如果我录用你，你将怎样开展工作？"

思路：
① 如果应聘者对于求职的岗位缺乏足够的了解，最好不要直接说出自己开展工作的具体办法。
② 可以尝试采用迂回战术来回答，如首先听取领导的指示和要求，然后就有关情况进行了解和熟悉，接下来制订一份近期的工作计划并报领导批准，事后根据计划开展工作。

问题八："你是应届毕业生，缺乏经验，如何能胜任这项工作？"

思路：
① 如果招聘单位对应届毕业生应聘者提出这个问题，说明招聘单位并不真正在乎经验，关键是看应聘者怎样回答。
② 对这个问题的回答最好要体现出求职者的诚恳、机智、果敢及敬业。
③ 例如"作为应届毕业生，在工作经验方面的确会有所欠缺，因此在读书期间我一直利用各种机会在这个行业里做兼职。我也发现，实际工作远比书本知识丰富、复杂。但我有较强的责任心、适应能力和学习能力，而且比较勤奋，所以在兼职中能圆满完成各项工

作,从中获取的经验也令我受益匪浅。请贵公司放心,学校所学及兼职的工作经验使我一定能胜任这个职位。"

🎯 实训练习

（1）请根据本人实际情况,结合求职典型问题思路,回答以上8个求职典型问题。

（2）请分析以下案例并指出案例中求职者失败的原因。

案例1：

招聘者：据我了解,你似乎挺有赚钱的本事。对吗？

应聘者：是的,我觉得自己颇有一些赚钱的招数。因为我读的是国家重点高级技校电子商务专业,又曾在××大型电商平台兼职,自己也经营淘宝门店。所以,对于赚钱,我还是很有把握的。

招聘者：哦,原来你是这么有能耐的,不过,我们单位较小、层次较低,目前暂时还容不下这么有能力的毕业生,很抱歉。

案例2：

招聘者：你说自己爱好写作,但是我刚才看了你的职位申请表,在"自我评价"栏中居然出现了三处语法错误。

应聘者：是吗？可能我刚才很紧张不小心填错了,平常不紧张的时候我是不会犯这种小错误的。一时大意,以后绝不会再犯。

（3）请分析以下案例,并指出案例中的求职者在面试应答时灵活运用了哪种技巧？

案例1：

招聘者：我们公司经营的物流范围很广,如果你被分配到需要体力而又不能很好发挥专长的仓库去工作,你有何看法？

应聘者：谢谢提问,我喜欢从事物流工作,我觉得仓库管理是物流工作中很重要的环节,也和其他业务工作一样都离不开物流专业知识。因为所学是物流专业,我相信我能把复杂的仓库工作做得井井有条,加上我有足够的体力,只要想到也是在物流方面做贡献,我也是快乐的。

案例2：

招聘者：我看你今天西装没扣扣子,你今天应聘所穿的衣服不是你经常穿的衣服吧？

应聘者：非常抱歉,读书期间我经常穿运动服、夹克、T恤衫等便装,今天为了更礼貌地参与面试,改穿西装,一下子不适应,感到不自然。不过内在的东西更重于外表,我想贵公司在用人的时候更看重的是内在素质和能力。

📘 学习评价

序 号	内 容	评 价				备 注
		完全掌握	基本掌握	较多不懂	未能掌握	
1	求职基本问题应答技巧					
2	求职难题应答技巧					
3	求职典型问题应答技巧					
4	实训练习					

任务三 企业面试应答

学习目标

1. 了解面试应答的注意事项。
2. 掌握企业面试典型问题的应答技巧。

技能要求

1. 学生能自如应答企业面试典型提问。
2. 学生能完成一场面试应答实训练习。

案例导入

案例 小刚刚通过××公司组织的第一轮集体面试,并被通知到××公司面试,时间定在下午4点。当小刚兴冲冲地到达该公司时,比约定时间还早。他整理好衣服,敲响面试室的门,听到"请进"后推开大门,露出微笑,正准备打招呼,却听到了一个冷冰冰的声音:"现在是3点50分,你怎么来得这么早?"顿时小刚的笑容凝固在脸上,尴尬得不知所措。坐下后,其中一个面试官又问:"我觉得你今天的穿着不适合我们公司的文化和要求。"小刚红着脸,看了看自己的衣服,低头说:"今天的衣服是我花800元买的。"面试官又说:"花800元买的衣服就很好吗?"小刚在这样的问话环境中继续回答了5个问题,其中一个面试官又突然说:"你今天的面试我很不满意,你知道你有哪些回答是不符合我们公司需求的吗?"这下,小刚彻底崩溃了,当时只想赶快离开这个可怕的面试场地。

请分析小刚面试失败的原因。

企业公开招聘面试,实质上是一种综合能力测试,通过招聘者与应聘者双方面对面观察、交谈等双向沟通方式,了解应聘者素质特征、能力状况及求职动机等,根据职位的工作性质、职责任务、技术能力要求,通过直接交流,考察应聘者综合分析能力、语言表达能力、应变能力、人际交往意识与技巧、职位匹配度等。面试是用人单位了解应聘者基本素质和实际工作能力的重要途径,招聘者通过应聘者的回答,不仅分析回答是否正确,更重要地是考察回答问题的灵活性、逻辑性、应变性。

一、面试应答注意事项

1. 面试前搜集企业信息及岗位信息

应聘者参加企业面试前必须做好对应聘企业相关信息的收集,重点查找企业简介、企业文化、企业新闻、企业产品及企业岗位要求等,通过前期准备,才能熟练自如地应答招聘者提出的跟企业信息有关的问题。

2. 面试紧张心理调整

应聘者参加企业面试时难免会有紧张怯场的心理，过度焦虑及紧张会影响现场应答的表现，容易出现语言表达不流畅、语速过快、临场发挥不好等情况，影响面试的成绩。所以，面试时应尽可能沉着冷静，以平常心对待，千万不要将面试官当成宣判自己成败的法官，消除紧张情绪，流畅应答。

3. 面试态势语言正确运用

企业面试是一场综合面试，除了口语交流外，态势语言也是招聘者考察的重要环节。抖腿、摇头、跷二郎腿、弯腰驼背等错误的态势语言，会将自己职业素养与职业态度的缺失展现在招聘者面前，留下非常不好的印象。

二、企业面试典型问题应答技巧

企业面试中，应聘者除了要回答之前提出的"请你自我介绍一下""你为什么选择我们公司""如果录用你，你将如何开展工作"等问题外，招聘者还将更深入地向你提出问题，以下列举一些经常出现的典型问题，并给出相应的回答思路。

问题一："你有什么业余爱好？"

思路：

① 业余爱好能在一定程度上反映应聘者的性格、观念、心态，这是招聘者问该问题的主要原因。

② 最好不要说自己没有业余爱好。

③ 不要说自己有一些庸俗、令人感觉不好的爱好。

④ 最好不要说自己仅限于读书、听音乐、上网，否则可能令招聘者怀疑你性格孤僻。

⑤ 最好能有一些户外的业余爱好来"点缀"你的形象。

问题二："你的座右铭是什么？"

思路：

① 座右铭能在一定程度上反映应聘者的性格、观念、心态，这是招聘者问这个问题的主要原因。

② 不宜说易引起不好联想的座右铭。

③ 不宜说太抽象的座右铭。

④ 不宜说太长的座右铭。

⑤ 座右铭最好能反映出自己的某种优秀品质。

问题三："这个职位最吸引你的地方是什么？"

思路：

① 这是一个让你表达对这个公司、这个岗位的看法的问题。

② 回答应使面试官确认你具备专业的素质。

③ 应突出职位与个人的能力和兴趣非常吻合，突出企业文化与个人发展相协调。

问题四："参加过与工作相关的训练或培训吗？"

思路：

① 简明扼要列举两三个最重要的培训例子，要有事实依据。

② 回答问题应从技能提升、社会阅历积累、自我感悟等方面着手。

问题五:"你能为我们做什么?"

思路:

① 基本原则是"投其所好"。

② 回答这个问题前求职者最好先了解招聘单位期待这个职位所能发挥的作用。

③ 求职者可以根据自己的了解,结合自己在专业领域的优势来回答这个问题。

问题六:"你希望与什么样的上司共事?"

思路:

① 通过应聘者对上级的"希望"可以判断出应聘者自我要求的意识,这既是一个陷阱,又是一次机会。

② 最好回避对上级的具体希望,多谈对自己的要求。

③ 例如"作为刚步入社会的新人,我应该多要求自己尽快熟悉环境、适应环境,而不应该对环境提出什么要求,只要能发挥我的专长就可以了。"

问题七:"与上级意见不一致时,你将怎么办?"

思路:

① 一般可以这样回答:"我会给上级以必要的解释和提醒,在这种情况下,我会服从上级的意见。"

② 如果面试你的是总经理,而你所应聘的职位另有一位经理,且这位经理当时不在场,可以这样回答:"对于非原则性问题,我会服从上级的意见;对于涉及公司利益的重大问题,我希望能向更高层领导反映。"

问题八:"你对工资待遇有什么要求?"

思路:

① 工资待遇问题是敏感问题,答案将直接影响面试结果,应小心作答。

② 不能说一个具体数字,也不能说随便、公司给多少就多少。

③ 应依自己的能力、绩效、发展来决定,用实际行动而不是虚说。

实训练习

面试模拟训练:4 人一组,根据以下招聘启事进行招聘者和应聘者的角色模拟,结合下表的面试话题和面试评价表打分,并轮流互换角色,完成后每人总结面试过程并谈谈自己的体会。

招聘启事

单位背景:长沙正源服饰有限公司是长沙市著名服饰企业,主要经营女装、男装和童装业务。因业务推广需要,现面向社会公开招聘会计 2 名,电商平台后台管理 2 名,网络客服 3 名,网站技术人员 1 名。具体要求如下:

一、基本条件:

1. 全日制技师学院/高级技工院校应届会计专业、电子商务专业、计算机网络应用专业毕业;

2. 能熟练运用计算机及相关软件;

3. 熟悉专业相关知识,有相关职业资格证书者优先。

4. 具有较强的沟通能力、协调和团队合作能力,能及时与客户、同事及管理层沟通;

5. 男女不限。

二、报名时间：20××年6月10日～6月15日

三、报名地点：长沙正源服饰有限公司

四、联系方式：杨经理，0731-8512××××

20××年5月20日

组　　别	讨论话题（每组3个）
第一组	谈谈你的家庭情况
	你有什么业余爱好
	谈谈你的缺点
第二组	你为什么选择我们公司
	如果我们录用你，你将怎么开展工作
	与上级意见不一致时，你将怎么办
第三组	我们为什么要录用你
	你能为我们做什么
	你希望与什么样的上级共事
第四组	谈谈你的优点
	你打算继续深造吗
	你为什么认为自己能胜任这份工作？在工作中你如何弥补自己的缺点
第五组	当他人不赞同你自认为正确的意见时，你会怎么做
	你和同学们是怎么相处的
	你认为怎么样才能成为一名专业人士

面试评价表

评分要素	评分能力	具体描述
面试过程	专业技能（30分）	1. 具有全面的、良好的知识储备
		2. 对于专业领域的知识有了解
		3. 有一定程度的工程实践经验
	应答能力（30分）	1. 能正确理解面试官提出的问题，并有针对性地作答
		2. 在面试官提出问题后马上做出反馈，及时作答
		3. 答题过程流畅，无明显停顿，语句通顺，措辞恰当，语言精练
		4. 应变能力强，能够灵活、创造性作答
	回答内容（40分）	1. 回答内容切合题意
		2. 回答过程条理清晰，层次分明，结论明确
		3. 回答内容准确精练，重点突出，能够有针对性地就提问要点归纳阐述
		4. 回答内容真实可信，运用事实论据，论述有说服力

学习评价

序号	内容	评价				备注
		完全掌握	基本掌握	较多不懂	未能掌握	
1	面试应答注意事项					
2	企业面试典型问题应答技巧					
3	实训练习					

项目二

销售

任务一 销售的语言技巧

学习目标

1. 了解销售的作用和原则。
2. 掌握销售过程中主动接近顾客的技巧。
3. 掌握激发顾客购买兴趣的技巧。
4. 掌握促成顾客购买的技巧。

技能要求

学生能从容自如地与顾客交谈，尝试激发顾客兴趣并促成其购物。

案例导入

案例 某塑料公司要举办一次盛大的保温杯、搅拌杯商品展销会，为了赢得更多的顾客，使得自己的商品深入人心，公司精挑细选了30名销售精英进行现场推销。这些销售精英特别能言善道，善于与顾客进行沟通，让顾客开开心心地购买产品。有些销售人员专业地向顾客介绍产品材质、使用方法，有些则专门回答顾客的各种疑问，反应快又准，对顾客的问题对答如流，语言风趣幽默、彬彬有礼，吸引了很多顾客。

有一位顾客问："你们的产品真的像广告说的那么好吗？"一位年轻的销售员马上回答道："您试过以后就感觉比广告说的还要好。"顾客又问："如果买回去，用过以后感觉不好怎么办？"销售人员笑着说："如果真的不好，我们七天内免费退货，但是我们更期待您使用后给我们更多的反馈。"

此次展销会空前火爆，不仅产品销量大大超出预期，还使产品的知名度得到了很大的提高。在公司庆功会上，公司经理特别感谢和表彰那30名销售精英，并要求其他销售员向他们学习如何说话、如何推销商品，提高自己的销售能力。

一、销售口语的作用

1. 准确传递信息，建立联系的纽带

通过销售口语能够把有关产品的信息准确地传递给消费者，帮助消费者认识商品和解决有关问题，在消费者心中建立起企业和商品的良好信誉，使顾客最终成为买主。

2. 探知消费者心理，有利于现场销售

现场销售可以直接对顾客的购买行为进行预测分析，洞悉消费者的心理活动，通过语言艺术的运用，面对面进行推销，相比广告推销有可以立即促成购买的优势。

3. 实施销售策略，提高销售业绩

实施销售策略的方式多种多样，但同样需要运用语言艺术。营销是销售人员在本职工作范围内独立地、创造性地工作，稳妥有效地实现企业销售目标。

二、销售口语的原则

1. 以顾客为中心

能设身处地为顾客着想，急顾客之所急；主动向顾客说明所购买商品的用处及好处，对这些好处能详细、生动、准确地描述，是引导顾客购买商品的关键。常做换位思考，抓住说明的要点，把握顾客思维习惯，留意顾客的动作和表情，及时调整销售语言，做到通俗易懂。

2. 认真虚心倾听

认真倾听有助于销售的实现。在推销商品时，销售人员不能只顾自己介绍商品，还要认真观察顾客的表情和态度，虚心倾听对方的议论和问题，洞悉顾客的真正意图和打算，扮演恰当的角色，向顾客推销商品。

3. 保持正面积极态度

销售人员在销售过程中要保持积极的态度，沟通用语选择正面的、积极的用词和方式，保持商量和询问的口吻，尽量不用命令或要求的语言，避免冲突或不愉快的发生。

4. 常记谦恭、赞扬、微笑

销售人员在销售过程中要面带微笑、态度谦恭、褒扬赞美，给顾客带来愉快的购物心情。当顾客购买商品后，由衷地感谢顾客的光顾。例如：

"谢谢您，这是我们公司的发票，请收好，欢迎下次光临。"

5. 运用通俗的语言介绍

通俗易懂的语言最容易被大众所接受，所以在语言使用上尽量多使用通俗化的语句。介绍产品、交易方式和条件时要直截了当、表达清晰，避免沟通障碍，影响商品成交。

6. 使用形象的描绘和幽默的语言

打动消费者的心的最有效的办法是用形象的描绘。有时一句形象的描绘能激起消费者的购买欲望，如"穿上这件衣服后更能显示出你与众不同的、音乐家般优雅的气质"。有时幽默风趣的销售人员更容易获得大家的认可。处理销售问题时，恰当地应用幽默可以化解消费者的异议、避免冲突的发生、扭转局面。

三、主动接近顾客

销售人员设法主动接近顾客，使自己由"不速之客"变成受欢迎的人，必须主动热情、真诚交流，了解顾客所需，给对方留下良好印象。

1. 走近顾客，主动服务

主动向顾客介绍商品，提供商品资料，结合顾客需要和产品特质，提出技术方面或价格方面的专业意见，供顾客参考。

2. 用心交流，激发顾客兴趣

作为销售人员必须认真花时间关注市场动向，了解顾客的需要，有时更要互换立场思考，同时把潜在顾客的注意力转变为购买兴趣，通过表明自己可以满足潜在顾客已确认的需求，培养顾客的兴趣。

3. 真诚表示赞美和感谢

每个人都喜欢听到好听的话，顾客也不例外，因此，赞美就成为接近顾客的好方法。赞美要先经过思考，不但要有诚意，而且要选定既定目标，找出顾客的特点，实现令人满意的赞美。

四、激发顾客的兴趣

顾客注意力延续的时间非常短暂，持续很长时间的交易很难达成。销售人员需要把潜在顾客的注意力转变为兴趣，激发顾客购买的欲望。

1. 提出容易回答的问题

销售人员应适时地提出一些问题。销售不仅仅是提供商品信息和说服顾客购买，还包括持续的顾客参与、互动，给予顾客表达自己需求和想法的机会。例如：

"我认为我们公司的产品恰好符合您的需要，最重要的是，我们可以按照您的想法提供专项后续服务。您有兴趣吗？"

2. 让顾客产生更多了解意愿

销售人员在激起顾客的兴趣后，进行有效的沟通，使浏览商品的顾客感觉自己来对了地方，并产生愿意了解更多信息的愿望。这时，销售人员可以做出"我可以帮助你解决/办理……"的回应。例如：

"先生，正如您所了解的那样，我深信我们的产品将会提高您的工作效率，带来更多的利润。所以如果您决定使用我们的产品，我们会考虑给您第一年免费服务的优惠，您觉得怎么样？"

3. 强化顾客对商品的认识

销售人员应进一步确认刚才交谈中的陈述，强化顾客对商品的认识，确保自己发出和接收的信息足够充分和清晰，进一步促成交易。例如：

"再次跟您确认一下，此商品……"

五、促成顾客购买

消费者之所以要购买商品，是因为受需求的驱使，产生购买的动机，面对消费者不同的购买动机、不同方面的需求，销售人员应采取不同的应对技巧。

1. 掌握主动权

性格优柔寡断型的顾客较没有主见，往往消极被动，遇事难以做出决定。面对这样的客户，销售人员就要牢牢掌握主动权，充满自信地不断向顾客提出积极的建议，多运用肯定用语，当然不能忘记强调你是从他的立场来考虑的。

2. 抓住关键点

面对性格急躁型的顾客，销售人员首先要精神饱满、准确又有效地回答对方的问题，如果回答太拖泥带水，这样的顾客可能会失去耐心，不听完就走。所以对这种类型的顾客，说话要简洁得体，抓住关键点，说重点、要点。例如：

"李先生，您可以算一下我们第一年、第二年的贷款利率足足低了3%，以您现在还有320万元的余额计算，第一年就可以帮您省96000元，第二年又省了96000元，两年就已经帮您省了192000元……"

3. 激发兴趣点

面对沉默寡言型的顾客，销售人员除介绍商品之外还要亲切、诚恳，不强迫顾客说话和选择，尽量从自身调动现场气氛，寻找顾客的兴趣点和关注点。

4. 介绍热情高

强烈好奇型的顾客对购买不存在抗拒的心理，只是想进一步了解商品的特性和其他有关的信息。销售人员应积极主动、认真有礼貌、热情地为他介绍商品，使他乐于接受。只要你能激发他购买的动机，商品也合他意，就很容易成交。

5. 满足自尊心

讨价还价型的顾客往往比较关注价格，为能够讨价还价成功而自鸣得意，所以作为销售人员有必要满足顾客的自尊心，在不影响商品利润的前提下，可以适当作一点妥协，如给予一个优惠的价位或赠送些小商品，这样顾客觉得比较便宜，又证明了他砍价的本事，顾客是乐于接受的。例如：

"您刚才提到的那个价值500元的真皮电脑包，如果您现在订购超过2台电脑的话，将免费获得这个电脑包。"

实训练习

案例1：

小李是一名手机销售人员，一天，店里来了一个买手机的女孩。

小李对女孩说："您想要什么价位的手机？"

女孩："无所谓，喜欢合适就买。"

小李："那您先看看吧，看到合适的可以拿出来看看。"

这时对面柜台的销售人员正向其他客户介绍说："我们这款手机最大特点是可以连续拍照，而且自带美颜功能。"

女孩听到介绍后，立即就转到对面柜台去了。后来，女孩在对面柜台买下了那款手机。

请问小李的销售有什么问题？怎么改进？

案例2：

一位外地顾客打电话到一家酒店预订房间，可是却把电话打到了另一家酒店。

情形1

宾客："请问是凯旋大酒店吗？我想订两间房。"

服务员："对不起，这里是悦星酒店，你打错了。"（服务员挂了电话）

情形2

宾客："请问是凯旋大酒店吗？我想订两间房。"

服务员："请问您想订什么样的房间呢？这里是悦星酒店。我们这里各种房型都有，而且房间比较宽敞，价位又超值。"

分析这两位服务员的语言有何区别？哪种更合适？

学习评价

序　号	内　　容	评价				备　注
		完全掌握	基本掌握	较多不懂	未能掌握	
1	销售口语的原则					
2	主动接近顾客					
3	激发顾客兴趣					
4	促成顾客购买					

任务二　商品介绍

学习目标

1. 掌握介绍产品的内容。
2. 掌握介绍产品的方法。
3. 掌握产品陈述的技巧。

技能要求

学生能综合运用多种方法和技巧完整地介绍产品。

案例导入

案例　某大型家电商场电饭锅专柜。销售员小美："先生您好，您在看电饭锅吗？需要我帮您具体介绍一下吗？"顾客："我想了解一下这款产品。""先生您眼光真好，您看到的这款是我们店销量最好的电饭锅之一，很多顾客多次回购了。这是一款非常适合家庭使用的电饭锅，而且是今年才上市的新品，有5L和6L两个型号，容量大，可以满足2~7人的需求。它有八大烹饪功能，融煮饭、煲汤、煲粥、炖肉、蒸煮为一体，这款电饭锅还支持预约定时功能，让您可以随时吃到热腾腾的饭菜。除此之外，这款产品还配备双内胆，一个不粘锅用于煮饭，一个彩琅锅用于煲汤"。顾客："听起来还不错，描述很详细，谢谢，我准备买一个。"

销售人员在介绍商品或服务时，最重要地是说明白它能给顾客带来什么，对顾客有什么好处。因此，销售人员在说明产品的时候，不仅要说明产品的功能，更要说明它对顾客的用处和好处，将产品的功能转化为顾客使用的利益。

一、介绍产品的内容

（1）介绍产品内容时要站在顾客角度思考，要以顾客的眼光看待产品，列出产品具有的功能，紧紧围绕产品的效用展开介绍。

案例：

买家："一直想买一款对眼袋减细纹有效果的眼霜，不知道你们店这款怎么样？"销售："女士，选择一款合适的眼霜很重要。这款眼霜专为爱美女士定制，全新第7代配方，独蕴 ChronoluxCB™ 科技，渗透眼部肌底，可以阻隔紫外线辐射损伤。配合基因生物钟同步修护科技，帮助肌肤在夜间抵达修护巅峰，减退细纹，从根源重启年轻旺盛的睡眠修护力。"

销售人员在介绍时应尽可能详细地描述商品，尽量从细节入手，描述商品的具体尺寸、规格、颜色、材料、质地、包装、产地、商品性能等，越细致的描述越能增加顾客对商品和店铺的信任感。

（2）渲染产品特性，说明产品能为顾客做些什么。相比一般的产品来说，具有特性的产品更能受到顾客的青睐，所以销售人员要想促成交易，就要把自己产品的特性渲染出来。

案例：

买家："买了很多床垫，但都不是很理想，你店的产品有什么特别的地方吗？"销售："我们产品的特点是用特级蚕丝乳胶制作。天然蚕丝丝润弹滑，特有针织棉呼吸面料，透气性更好，不但滋润肌肤，还能调节睡眠；精选亚热带北纬1～8度的天然乳胶，天然小孔无数，抗菌防螨，透气性好；高回弹海绵，回弹力十足，有效分散身体重量，不管用何种姿势睡觉都能给您羽毛般的感觉。这就是我们店产品的特性，相信它能给您及您的家人带来健康与舒适。"买家："听起来还不错，买一款试试。"

（3）向顾客解说此产品如何使用，多做产品使用示范。多做示范是非常重要的。俗话说"百闻不如一见"，销售人员向顾客推荐的产品，一定要让对方不仅听到，而且还要看到，甚至要摸到，必要时就要当场示范。销售人员边示范边问顾客对产品的感觉如何，拿自己的产品与其他公司的产品进行比较示范，可以使顾客看到产品的实在之处，从而更容易接受产品。

二、介绍产品的方法

1. 直接讲解法

这是最直接讲解产品的方法，直截了当，不转弯抹角，符合现代都市人讲求快的生活节奏的特点。但在讲解时要注意重点，讲解内容要易于让顾客了解，讲求效率。

2. 举例讲解法

列举产品的使用实例，用例子说明产品有哪些优点、特点和作用。这种间接介绍产品的方法，可使顾客感到轻松和较容易接受，但要注意所列举例子要实事求是。

3. 示范展示法

这种方法与举例讲解法有异曲同工之处，但示范展示用行动直接将产品展示在顾客面前，介绍产品的优点、特点和作用。顾客亲身体验了产品，更会相信产品的好处，产生购买的欲望。

4. 比较说明法

生活中有不少买家会存在产品难以选择、难以购买的情况，销售人员此时要善于帮助买家做选择。实践证明，如果销售人员能够同时为顾客推荐两款同类型产品，那么顾客会在这两款中选择一款，成交的概率会大幅度提升。

案例

买家:"我想要一款剃须刀,能不能给推荐一下。"销售:"当然可以,我可以帮您推荐两款销量比较好的产品。一款是三刀头充电式 HP730,这款产品干湿两用,可全身水洗,舒适剃须系统可以达到极致的顺滑剃须效果。另外一款是两刀头的 HP630,这一款剃须刀也支持水洗,清洁方便,最大特点是 1 小时快速充电后可连续工作 40 分钟以上,并可以边充电边使用,同时可以保证快速的胡须捕捉剃净效果,这是一款性价比很高的款式。两款都比较好用,您要选择三刀头还是两刀头?"买家:"两刀头的不错,我买两刀头的。"

三、产品陈述的技巧

1. 简洁

产品陈述的基本要求是简洁,陈述产品时应简单明了、干净利落,避免重复、啰嗦,用尽可能短的时间,把重要的信息传达给顾客,激起顾客的消费兴趣,以便把销售活动进行下去。

2. 流畅

流畅是产品陈述的另一个基本要求。销售人员讲话时应口齿清晰、语言流畅,陈述的内容既要有衔接性又要有逻辑性,原因结果叙述清楚,顾客才会考虑购买。

3. 准确

准确是产品陈述的进一步要求。首先,要求销售人员必须正确地陈述内容,要求真实可信,不能弄虚作假。其次,应该选择顾客感兴趣的信息作为陈述的内容,把顾客感兴趣的重要信息分几次陈述。最后,帮助顾客正确理解所陈述的内容,避免误会。

4. 生动

产品陈述的最高要求是生动。销售语言生动、有趣,易使人产生联想、产生共鸣才能打动顾客,激发其购买欲望。

实训练习

模拟营销训练

广州好迪化妆品有限公司主要生产"好迪"牌洗发水、护发素、护肤、清洁、儿童洗漱品等几大系列多个品种的产品。"好迪"牌洗发水的广告语是"大家好,才是真的好。广州好迪",突出产品的大众性和好品质。

(1)请将班上的同学分成 4 个小组,每个小组选出 3 个人模拟销售人员,采用所学的产品介绍的方式进行产品销售。

(2)销售人员采用老顾客推介法,向一位潜在顾客进行产品推销。

学习评价

序 号	内 容	评 价				备 注
		完全掌握	基本掌握	较多不懂	未能掌握	
1	介绍产品的内容					
2	介绍产品的方法					
3	产品陈述的技巧					

任务三　活动推广

学习目标

1. 掌握活动推广开场白的设计方法。
2. 掌握活动推广现场气氛的烘托方法。
3. 掌握现场互动环节实施方法。

技能要求

学生能设计一场活动推广、调动活动现场的气氛和增加与现场顾客的互动。

案例导入

案例　在一场美容产品的展销会中，一名女销售员正在介绍产品："我相信大家早上洗脸的时候都会用洗面奶、定期去角质膏或者香皂什么的。如果我说这些方法都没有最大限度地清洗干净您的脸，我用一台仪器就可以代替所有这些洗脸用品，而且效果要更好，你们相信吗？"

"怎么可能！"台下客户议论纷纷，传出怀疑的声音。女销售员直接进入试验环节："下面我们请上4个模特，分别让他们用毛巾、洗面奶、去角质膏及香皂4种方式进行脸部清洗。"

等到4名模特清洗完脸部后，女销售员拿出仪器在模特脸上轻轻一按，几秒后，仪器大屏幕上出现了一个画面，上面亮色基底上有许多的小黑点。

"这台仪器可以检测肌肤清洁的情况，我们现在看到的大屏幕上的许多小黑点就是隐藏在我们皮肤内的污垢。我们可以看到几位模特虽然都用了不同的清洗方式，但最终还是有许多的小黑点，这就说明我们清洗得还不够彻底。去角质膏虽然看似效果更好一些，但却不宜频繁使用。当然我知道大家心里肯定有疑惑，检测仪器是我们的，模特也是我们请来的，大家觉得说服力不够，那么现在我想请一些台下的观众当模特，试用接下来这款洗脸仪器，再检测一下效果。这一次我们做两次检测，即清洗前、清洗后。然后我们大家再共同见证结果。"

对于这个互动，客户们显得格外踊跃，而且上台的有女士也有男士。当洗脸前和洗脸后的情况对比之后，客户们大吃一惊，洗脸后屏幕上的小黑点相对洗脸前要少很多，但仍存留不少。

"刚才整个过程都是由现场观众完成的，大家用仪器清洁后都发现有一定作用，但是大家可能也发现了一个问题，那就是还是没有完全洗干净，怎么才能洗干净呢？"

面对一片疑问声，女销售员说道："下面我们还是请刚才的观众继续使用我们一款产品，做个试验看看第二次清洁的效果。"

这次的产品是一个组合，即一款洗面奶加一个电动洗脸器，清洁、按摩双管齐下，经过仪器检测，所有人都吃了一惊，屏幕上的小黑点明显所剩无几。

女销售员笑了说："要洗得一个黑点也没有那几乎是不可能的，但是我们可以力求做到最佳，尽可能地将脸洗干净。下面我为大家详细讲解一下这个深度清洁套装组合……"

最终，商品被疯狂地抢购，有些客户甚至一人买了多份，准备送给亲友。

这是一个活动推广产品的成功案例，在这个案例中销售人员充分激发客户的好奇心及购买欲望，通过互动环节，充分把握现场气氛，通过事实说话，进一步巩固销售成果。

随着经济发展，越来越多的企业通过各种各样的活动推广、展销会、交易会、博览会等形式向全国甚至全世界推广自己企业的产品。企业产品在展销会、交易会等平台展出销售，最重要且离不开的是销售人员的积极推广，与普通卖场销售相比，更强调在特定场合使用专用的话术进行推广销售。

一、精心设计开场

1. 开门见山式

活动推广销售中，开门见山式的开场方式比较常见。所谓"开门见山"就是指活动推广一开始便将今天要销售的商品或主题目的告诉大家，然后再进行相关阐述和论证。例如我们的目的是向大家推荐一款产品，并能够让听众购买，那么在开场时可以这样说："大家好，我今天为大家推荐一款某某产品……"这样听众马上会明白你今天活动推广的主题是什么。

有些开门见山式开场能瞬间吊起听众胃口，大家都在期待下面的内容；但有些在运用了开门见山式开场之后，听众便开始陆续离开。究其原因，是后者没有抓住开门见山开场方式的要点。我们来看下面两个开场白。

案例：

"亲爱的朋友们大家好，今天我给大家推荐一款功能强大的优质好产品，它能……更能……"

"亲爱的朋友们大家好，今天我给大家推荐一款产品，它的名字叫……作用是……"

这两种不同的开门见山式开场白，尽管内容相同，给人的感觉却不同，第一种更能吸引你，而第二种却使你听着犯困。原因在于对产品的修饰词上，第一种开场白用了很多形容词来修饰该产品；而第二种却没有，只是平铺直叙的阐述，缺少了感情色彩，自然引不来人们的注意。

此外，在运用开门见山式开场白时，语言一定要精练，事先将你要表达的内容进行高度的概括与总结。不要罗列太多没有必要的语言，否则你的开场白将变成"安眠药"，无法让听众提起精神。

2. 委婉间接式

委婉间接式开场，是指在活动推广销售中一开始不直接阐述活动销售主题，而是用一些相关的话术或者开场技巧做铺垫，逐渐引出本次活动的主题或商品。例如在活动推广销售中你要为大家介绍一款净水器，可以一开始不提净水器的事情，而是用一个关于健康的名人名言开场，把顾客的思维引到健康上面，然后逐步向大家介绍净水器。例如：

"培根曾经说过健康的身体乃是灵魂的客厅,有病的身体则是灵魂的禁闭室。伟大领袖毛主席也说过身体是革命的本钱。没有一个健康的身体,我们可能会失去一切,所以大家一定和我有同样的感悟,身体好了,一切才会好起来。身体中水占比最重,水健康关系着我们的健康……"

运用好委婉间接式的开场方式要注意几点:首先推广语言要与销售产品密切相关,否则将没有意义。例如在一个保健品的活动推广中,你引用的是名人对教育或者励志方面的名言,会让人有一种不知所云的感觉。其次引用的话语要出自名人或者权威专家。日常交际中,大部分人都特别相信权威专家或名人的话,这就是所谓的权威效应。因此我们不妨转述一些名人或者权威专家的话语,这样更能引起听众的注意,同时更能说服他们。

3. 讲故事式

活动推广的目的是销售产品,让顾客愿意购买你的产品。而要做到这一点,首先要能够把握顾客的心理,抓住顾客的心,人们喜欢听故事,为此在活动推广开场时,如果能够以讲故事的方式开头,必然会抓住顾客的心,然后围绕这个基础进行推介,顾客的注意力可能就被牢牢抓住。下面以活动推广学习机产品为例:

"我同事有一个儿子叫明明,12岁,刚上初中却经常去网吧上网打游戏,网瘾很大。他爸爸的口头教育孩子不听,便开始打罚,可情况还是如此,在学校学习成绩始终是倒数十名内,老师对明明也十分头疼,后面得知明明对于从小学到初中的学习方法还没转变过来。对于我同事的这个孩子,我想问问在座的各位,有没有好的办法呢?"

当讲完这个故事并提出问题后,对于家里孩子有和明明同样问题的顾客来说,一定会非常感兴趣,想知道解决的方法;对于家里也同样处于小升初阶段的顾客来说,会显得有些担心,因此也会重视、在意。这样的话,故事就抓住了顾客的心,通过解决明明的问题引出学习机产品,顾客也更愿意接受。但要注意在使用这个方式时,故事不要过于冗长,情节尽量跌宕起伏,语言要精练,销售产品与故事要有必然或间接的关联。

二、烘托现场气氛

在活动推广销售中,活动现场便是销售战场,在战场上是否能够取得胜利,除自身的演讲能力和销售推介能力之外,构建积极的会场气氛也是很重要的。销售人员需要烘托出购买热情高涨的现场气氛,一些语言技巧的熟练运用可以激发购买者和听众的倾听热情、购买激情。

1. 以点圈大

以点圈大就是以已购买者为突破口,利用已购买者的影响力,顺势大肆宣传产品,例如通过问购买者一些问题、请购买者与其他在场顾客互动等方式,来营造购买气氛,简单说就是:"一人购买,大肆渲染"。

案例:商场卖衣服的摊位前,几个人围在摊前,大家都只看不买。过了一分钟,有一个人购买了一件,这时摊主特别大声地说:"中号上衣一件,收您300,找您80。不好意思小号没货了,只有大号和中号……好的,大号一件,我给您装起来……您稍等,我给他找完钱后再收您钱……"就这样在摊主的大声吆喝下,集聚的人越来越多,很多人毫不犹豫地拿出钱购买。

在运用此方式渲染现场气氛时,要注意以下两点:首先,声音大,嗓门亮。在渲染现场气氛的时候，声音越大，嗓门越亮，就越能激发听众的激情。尤其是在和已购买的顾客进行对话时，未购买者会感到好奇，这时你的大嗓门一方面会让听众听得更加清楚，另一方面能够引导听众的活跃性。

其次，话术要准确有力。当顾客犹豫不决时，摊主说的都是关于收钱卖衣服的事情，这样的话术意在告诉别人："我的衣服买的人特别多，大家都在抢购，再不买就没有机会了。"这在销售中便是准确有力的话术。在会销中，一人购买后的渲染话术同样要准确有力。例如：

"好的，已经有一位非常有眼光的先生购买了我们的产品，工作人员请给这位先生送上礼品。礼品现在还剩9份，前10名购买者都将送出礼品一份，数量有限……"

2. 礼品赠送

对于活动营销来说，赠送礼品的方式既顺势主推活动产品，又吸引了在场消费者的注意力，通过巧施恩惠的方式，更容易在活动营销上吸引新老顾客的青睐。不过，礼品赠送在实施过程中也需要掌握一定的技巧，活动销售人员要营造一个急迫的营销氛围：礼品有限，先买先赠。

大学毕业生小刘选择自主创业——开蛋糕店。开业当天组织"开业大酬宾"活动，积极吆喝："各位尊敬的顾客，凡进店的顾客都可以免费试吃一样产品，开业当天前200位消费者可以享受当次购买5折优惠。凡留下合理建议者可享受下次购买八折优惠。先到先得，机会难得，不要错过。"

小刘蛋糕店采用的是通过试吃吸引顾客，抓住折扣优惠有名额限制吸引顾客购买，并通过提意见的方式引导顾客下次再进店的连环销售策略。活动现场使用"礼品赠送"法一定要注意：赠品并不是越多越好，人人有份会造成消费者对赠品和商品的不重视，会销人员可以选择"礼品有限，先买先赠"的方法来营造一个急迫的营销氛围，通过话术使消费者产生紧张感，从而将目光放到所推销的商品上，激发消费者的购买热情。

3. 抽奖环节

活动营销中的抽奖环节可以充分聚焦听众的关注，尤其是活动主持人具有渲染性的语言，更能让现场的气氛达到高潮。在抽奖环节，活跃现场气氛可从三个方面进行：抽奖开始前的话术介绍，抽奖中的话术激将和抽奖后的话术总结渲染。

（1）抽奖前。活动主持人通常要对奖项及抽奖规则、物品等向听众进行详细的说明。这是一个对听众最具吸引力的过程，因为听众听到自己可以参加抽奖，在占便宜的心理作用下，听众会感到兴奋和期待，会产生迫不及待要加入的想法。这时候需要用语言引导听众释放激动的心理，从而烘托现场气氛。这个阶段，话术要把握原则：充分体现奖品价值，语言具有诱导性和渲染性。

"亲爱的顾客们，激动人心的时刻到来了，大家看到台上这些丰厚的奖品了吗？这可不是卖给大家的，而是送给大家的，不过数量有限，到底送给谁要看各位的运气了。所以，接下来我们要进行抽奖环节，每一位顾客都有资格哦。大奖到底会花落谁家，就看大家的手气了……"

"这是一款价值3800元的液晶彩电，具有……功能，今天我免费送给大家，谁想要呢？看来想要这台电视的人很多，其实我也想要，不过只有一台啊，怎么办？当然是进行抽奖啦，谁抽到我们今天就送给谁……"

（2）抽奖中。现场抽奖是一个漫长的过程，这个过程如果不说话，显然会让会场气氛变得尴尬甚至冷清。相反，如果在这个过程中能够讲一些具有激情的话，会让原先那些淡定甚至不好意思的人变得激动。活动销售要用一些有针对性的语言对会场进行调节，一方面可以管控现场气氛，另一方面可以稳定活跃的现场。在这个阶段，话术把握的原则是：能够掌控引导听众行为，保持高涨的会场气氛。例如：

"感谢大家的踊跃参与，虽然奖品不多，但我们一定要遵守规则，每个人只能抽一次，否则您可能就无缘参加我们下一个优惠活动了……"

"好的，现在大家听我的安排，从第一排开始从左到右依次上台进行抽奖，请这个大哥上台，让我们看看你的手气如何……真是遗憾，您没有抽到，不过没关系，下面我们还有更大的优惠，有请第二位……"

（3）抽奖后。在抽奖结束后，抽奖结果通常也会出来，这时因为没有了诱惑，顾客高涨的情绪会逐渐趋于冷却，而一旦在场顾客的情绪冷却，对于接下来的销售将是不利的。为此在抽奖环节结束后要趁热打铁，利用抽奖时会场的气氛，将顾客的热情巧妙地引导到活动销售产品上，从而促使顾客认识了解产品，然后购买产品。这是一个非常重要的阶段，不管使用何种话术，需要把握的原则是：运用高涨的会场气氛向听众展示会销产品，话术要暖心、舒畅，和抽奖时的活跃气氛融为一体，这样听众更容易接受。例如：

"刚才这位大姐非常幸运，抽中了这么大的奖品，我建议会议结束后出去赶紧买一张彩票。没抽中的也不要灰心，我还有更好的产品展示给大家，请看，这就是今天的主角……"

三、巧用互动环节

活动推广是否成功其实很考验与人交际的能力，如果在活动或会展中只是一味地由主办方宣讲或推介，相信会有不少消费者感到枯燥乏味，这时如果加入与观众互动的环节，可以改变现场单一宣讲的单调，增加趣味性和吸引力，活动主办方还可以及时发现消费者思想存在的疑虑，及时调整销售策略，"对症下药"进行商品宣传。

1. 巧用小游戏

如何拉近与客户间的距离，方法有很多，最有效之一便是"做游戏"。不要小瞧游戏的力量，一些看似简单的小游戏可以创造欢声笑语，完美辅助与顾客之间的互动，让顾客心情变好，也可以让人与人在游戏中放下防护变得熟络起来。游戏中，主持人话术要带动好现场气氛，营造活动中的欢乐感，待游戏结束后，再适当采访几位游戏中玩得不错的顾客，吸引消费者从看客变成参与者，为之后的产品介绍与销售奠定一个良好的氛围。

2. 顾问式营销

顾问式营销则是将顾客当成朋友，销售过程是一个双方互惠互利的过程，将服务化为"产品"，通过好的服务让顾客得到好的产品，进而自己也取得良好的收益。

大学毕业生雯雯即将参加企业面试，决定去买一套职业装，在进到某品牌服装店时，销售员并没有一进来就说："有什么需要帮助的吗？"而是说："谢谢惠顾，请随便看看。"在她正在浏览时，销售员问："您今天有什么特别想看的衣服吗？"在得知雯雯想买职业套装的时候，及时了解"您是什么场合穿呢？面试还是上班？"之后又问雯雯喜欢什么样的颜色、样式、材质等，以及在价格上有什么特别的要求。然后选择几款符合这些条件的套装供雯雯挑选。销售员尤其注重向雯雯讲解服装的材质、剪裁、维护方式及如何搭配才能衬托自身优势，让雯雯学到很多自己并不了解的知识。雯雯后来成了这间店的长期客户。

销售员与众不同的销售方式以及专业详细的讲解，让客户迅速地选到自己满意的商品。这种以问题为导向、让客户自愿购买并建立长期销售关系的方式就是顾问式营销的最大特点，这种方式更容易打动和吸引消费者。

3. 客户真实体验

活动推广中的客户体验环节其实是最受客户欢迎的环节，在这个环节里，客户可以更清楚直观地了解产品，甚至使用产品。有些客户刚开始抱着试试的心态，但通过体验后被产品质量所吸引，反而有了购买产品的意愿。但要注意很多客户在了解产品的时候不喜欢被销售人员围着讲解，所以在客户体验过程中，销售人员不要急着打扰客户，让其静心浏览，在轻松自由的环境中做出自己购买的选择。而且在体验过程中，销售人员要调整服务态度，由"多讲说"转到"多聆听"，收集客户体验后再解答问题。

实训练习

模拟营销训练

（1）中国进出口贸易春季交易会在广州举行，请将班上的同学分成5~8个小组，每个小组选出5~6个人模拟营销员，自选销售产品及自定义活动推广销售方式，运用所学的设计开场方式、烘托现场气氛及设置互动环节的方法和技巧进行产品销售。

（2）各组销售完后，全班进行不记名投票，看看哪场销售赢得最多好评。

学习评价

序 号	内 容	评 价				备 注
		完全掌握	基本掌握	较多不懂	未能掌握	
1	精心设计开场					
2	烘托现场气氛					
3	巧用互动环节					

项目三 主　持

任务一　主持的语言技巧

学习目标

1. 学生能了解不同类型的主持及其流程。
2. 学生能初步掌握主持的语言技巧。
3. 学生能掌握主持的注意事项。

技能要求

1. 学生在主持时能运用不同的语言技巧。
2. 学生能根据不同的情境进行简单的主持。

一场精彩的晚会、会议、比赛、婚礼等活动，与一份优秀的主持词密不可分，更离不开一位优秀的主持人，一位幽默、有气质、懂得灵活应变的主持人不仅能创造轻松、快乐的氛围，还会深受观众喜爱。无论是在校园还是在职场中，都会面临各种活动与会议，如果让你来主持一次会议或一场活动，你打算怎么做？

一、主持的概念

主持是一门综合性较强的艺术，它不仅要求主持人表达流畅、精神饱满，还需要内容高度契合情境的主持词。主持词是指主持人在主持的过程中进行串联的连接词，一般由开场白、主体与结束语三要素组成。开场白是指活动开始前引出主题、介绍或说明活动意义、目的等开始的部分。主体主要是连接前后内容的串连台词。结束语是对本次比赛、活动的总结及对观众的寄语。

二、主持的分类及流程

1. **赛事活动主持**

赛事活动主持包括辩论赛、演讲比赛、朗诵比赛、歌唱比赛、知识竞赛、校运会等比赛或大型活动的主持。赛事活动的流程一般包括开场白、介绍评委、介绍比赛规则及评分标准、公布成绩、评委点评、颁奖、结束语七个环节。

2. 晚会主持

晚会主持包括元旦晚会、迎新晚会、毕业晚会、联谊晚会等文艺演出活动的主持。以元旦晚会主持为例，一般包括开场白、介绍领导和嘉宾、领导致辞、节目表演、优秀节目颁奖、结束语六个环节。

3. 会议主持

会议的形式多样、内容不一，会议主持主要指研讨会、工作汇报、年度总结、招标会议等的主持。这里以大型的会议流程为例，其他会议流程可进行调整。大型会议的流程一般包括开场白、介绍来宾、简要介绍会议议程、主办单位领导致辞、与会上级领导讲话、结束语六个环节。

4. 节庆活动主持

节庆活动主持包括儿童节、劳动节、妇女节、建党节、中秋节、国庆节等节日的主持。流程一般包括开场白、领导致辞、节目表演、结束语四个环节。

5. 婚礼主持

婚礼主持包括新婚、再婚、复婚、结婚纪念日等仪式的主持。以新婚主持为例，流程一般包括开场白、新郎上场、新娘入场及交接仪式、婚礼问誓、新人交换戒指、感恩父母、开香槟、切蛋糕、新郎感言九个环节。

三、主持的语言技巧

1. 开场白的技巧

（1）直接法

在活动开始前，开门见山，迅速切入主题，让观众尽快参与到现场活动中。例如：

主持晚会时可以这样开场："尊敬的各位领导、老师，亲爱的同学们：大家晚上好！今天我们一起欢聚在这里，迎接2018年元旦的曙光。这是美好的时刻，这是温馨的时刻，这更是充满激情与期待的时刻。我宣布，2018年元旦晚会正式开始！"

（2）讲故事法

在活动开始前，讲一个与主题相关的故事，关注生活小事，吸引观众注意，拉近与观众的距离。例如：

关爱流浪猫的动员大会："很多观众从小就是听着故事长大的，我在这里也给大家讲一个真实的故事。据报道，国外有一名男子上传了自己狠心踢飞小猫的视频，视频中还传出朋友哈哈大笑的声音。我们姑且不去指责这种对待小动物的行为有多残忍，从这个故事中，我们可以得知这个男子是非常缺乏爱心的。关爱流浪猫，需要我们人人献出一点爱。下面开始我们今天的活动：以爱的名义，欢迎猫回家！"

案例中以英国一名男子狠心踢飞小猫的故事开场，不仅契合活动的主题，而且可以增加活动的生活性，引起人们的极度关注。

（3）引用法

引用法又称引经据典法，指在切入主题前，引用相关的名人名言或诗词歌赋，引用的部分一般要求朗诵出来，达到的效果会更好。例如：

感恩主题的演讲比赛开场白:"尊敬的各位领导、老师,亲爱的同学们:大家下午好!王符说过:生活需要一颗感恩的心来创造,一颗感恩的心需要生活来滋养。感恩,让世界变得更美好!在学校领导的亲切关怀下,由校团委和语文组共同举办的'感恩'主题演讲比赛终于拉开了序幕。在此,我谨代表大赛的承办方感谢学校的支持,同时也热烈欢迎大家光临比赛现场。"

案例中引用王符的名言"生活需要一颗感恩的心来创造,一颗感恩的心需要生活来滋养"切入感恩的主题,既能自然地引出主题,又能增加活动的文化韵味。

(4)提问法

通过提问引起大家的注意,提问的问题可以是与主题相关的或是听众感兴趣的,但是要掌握好难度,并确保自己知道准确答案。例如:

主题为时间管理的培训会议,可以这样开场:"大家好,我有个问题想请教大家,什么是时间?"

(5)幽默法

为调动活动气氛,创造一个轻松的环境,可在正式切入主题前,说一个笑话或一些幽默的语言。例如:

主持婚礼时:"各位亲朋好友,大家晚上好!今天我非常荣幸能主持××先生和××女士的婚礼。前几日,新郎跟我说因为我长得很安全,不会让新娘在婚礼中走神,我当主持人他非常放心、满意,本来不想主持的我,听完了这番话实在是无法拒绝。接下来,让我们伴随着美妙的音乐,用最热烈的掌声请出我们今天最帅气的新郎!"

2. 主体

主体部分主要是串连台词,是主持中最重要的内容,上串下连,既要联系先前的内容,又要引导后面的内容,起到穿针引线的作用。串连台词有以下几种方法。

(1)根据活动的主题确立关键点

以"青春万岁"为主题的文艺晚会,要引出"年轻的朋友来相会"节目,可以这样串连:"青春是鲜艳盛开的花,青春是激情燃烧的火;青春意味着活力,青春书写着稚嫩,青春是奋斗、拼搏最好的年华。下面请欣赏16高级幼教1班的大合唱'年轻的朋友来相会'。"

案例中将节目的内容与"青春"的主题联系在一起,寻找其共同点,过渡自然,不生硬、不做作。

(2)根据节目的人物、故事串连

15高会计2班要举行文学欣赏的汇报演出活动,"罗密欧与朱丽叶"节目结束,接下来的节目是"西厢记 长亭送别",可以这样串连:"罗密欧与朱丽叶已经离我们远去,遥望十里长亭,崔莺莺与张生生正向我们走来。下面请观看第二小组的演出"西厢记 长亭送别",掌声欢迎!"

案例中一句"崔莺莺与张生生正向我们走来",将"西厢记 长亭送别"故事中的人物崔莺莺与张生生生动化,现场感非常强,让观众易于接受、感到亲切。

(3)运用修辞想象、诗词歌赋

班上举办"节日文化,你知多少"的主题班会,李明同学介绍了元宵节,接下来张红同学要介绍中秋节,可以这样串连:"感谢李明同学给我们带来了一场元宵文化大餐。这样的月圆之夜,你是否会想起另一个让人享受天伦之乐的十五月圆之夜呢?天上月圆,人间月半，那一轮明月挂在空中。下面有请张红同学给我们介绍中秋节，掌声欢迎！"

案例中运用想象，透过元宵佳节的月圆之夜将八月十五的月圆之夜呈现在我们面前，非常巧妙地引出即将要介绍的中秋节，并增加了语句的文采。

3. 结束语

一场活动要画上完美的句号，必须有精彩动人的结束语，温婉的话语不仅能拉近人与人的距离，也能让人对整个活动回味无穷。结束语一般包括以下四个方面：与开场白呼应、对活动的肯定、对主办单位的祝愿、对未来的期许。例如：

某公司新员工培训结束时，可以这样说："让我们再次感谢陈老师的精彩课程，同时我也代表××公司感谢大家对我们工作的支持与积极参与。我也希望每一位新同事能尽快融入××公司，成为我们公司密不可分的一份子。预祝各位步步高升，真心期待与您再次相会！"

四、主持的注意事项

1. 事前准备

接到主持任务后，需要提前了解活动或比赛的主要内容、流程及参加对象。

2. 仪容仪表

"工欲善其事，必先利其器"，作为一名主持，着装有基本的要求。主持的服装要根据活动当天相应的场合准备，要求是大方、端庄，发型和配饰搭配要得当，以符合活动场合及展现主持人的自信、从容气质为宜。

3. 语言表达

要求声音洪亮、表达清晰，语调抑扬顿挫，语速适中，把握好活动的节奏，并根据内容和现场气氛进行调整，忌说脏话、粗话。

4. 时间把握

要求把握进程的同时能严格控制好时间，发言人发言时，可根据现场环境条件做时间提醒或委婉地提示发言人，从而使发言人精简发言内容，提升会议或活动效率。

实训练习

思考与分析：

在主持会议过程中，你认为该注意哪些细节？

学习评价

序号	内容	评价				备注
		完全掌握	基本掌握	较多不懂	未能掌握	
1	主持的概念					
2	主持的分类及流程					
3	主持的语言技巧					
4	主持的注意事项					

任务二 会议主持

学习目标

1. 学生能掌握会议主持的技巧。
2. 学生能掌握会议主持的典型问题应对技巧。

技能要求

1. 学生能完成一次班级主题班会主持训练。
2. 学生能完成一次学生会会议主持训练。

案例导入

案例 2017年9月8日，名豪公司年终总结大会，领导商议决定，由新上任的行政助理林毅主持会议。林毅第一次主持这样的会议，不免紧张，于是找出了公司多次大型会议的会议记录，仔细研究了会议主持人的发言，又向经常主持会议的许经理请教。许经理说："小林，别紧张，你只要将主持的注意点放在会议本身和参会人员身上，将你自己忘掉，会议就会成功。"林毅有所领悟，按照许经理的指点，密切关注发言人的发言，注意会议本身的进程、主题，并在主持会议过程中恰到好处地对发言人的发言进行评价，最后圆满地完成了本次会议的主持任务，得到了大家的一致好评。

请分析案例中的林毅第一次主持会议成功的原因。

会议的目的是有效地解决问题，一个没有条理的会议不仅会浪费大家的时间，也会浪费企业的资源、成本。会议主持是会议中的灵魂，一位优秀的主持除了需要掌握一定的主持技巧之外，对会议中出现的突发情况还必须懂得灵活应变。

一、会议的主持技巧

1. 开场技巧

（1）准时宣布会议开始。

会议是否能准时开始，这是参会人员最为关注的问题，如果一场会议迟迟不开，必然会引起参会人员的不满和反感。所以，会议主持务必明确开会时间，在会议开始前提醒相关人员做好准备。

（2）开场出奇制胜。

要创造轻松愉快的会议气氛，关键取决于主持人的开场白。通常，在会议开始的时候，为了拉近与参会者的距离，可以先介绍一下自己的情况。

（3）重申会议内容及目的。

开会前，一般会把会议议程发给与会人员，开会时很有必要简要说明会议的目的、内容及要求，帮助参会人员了解会议所要讨论的内容，澄清任何可能出现的混乱。例如："今天召开本次会议的目的是……讨论的内容有三个方面：一是……二是……三是……。会议有以下两点要求：一是……二是……"

2. 提问的技巧

（1）闭合式提问。

这是得知答案后便结束问题的问法，回答者回答"是"或"不是"，或用简单的陈述句回答即可，例如"你喜不喜欢阅读？""你使用过单反吗？""哪一项意见最好？"

（2）开放式提问。

此问法能启发发言人积极思考，带动现场的讨论气氛，鼓励更多的人参与其中，例如"你对阅读这事感觉如何""你使用单反到什么样的程度了？""你可不可以再谈谈其他想法？"

3. 会议总结的技巧

通常，在会议结束时，主持人需要对会议的内容做综合归纳和总结发言，这才是一个完整的会议主持。会议总结在整个会议过程中往往起到画龙点睛的作用。

（1）归纳法。

参会人员列举出的事实往往都是有联系的，但这些一般都还停留在感性认识的阶段，主持人可以运用归纳法，从中找出规律并总结。

（2）穿珠法。

与会者提出的意见里往往存在很多有价值的东西，但是因为各自掌握的情况有限，主持人应该将这些零散的内容串连起来，总结成更加有价值、具有代表性的东西。

（3）升华法。

参会人员发言的内容现场感很强，往往是想到什么就说什么，对问题的核心认识还不够清楚，这与当时的会场气氛有很大的关系。这种情况下，主持人需要对发言的内容进行提炼、升华，将大家想到但还没明确表达出来的东西进行总结，从而提升到更高的认识阶段。例如：

"今天的会议很成功，大家都提出了很多宝贵的意见和建议，会后我们一定组织相关部门进行认真研究，制定相关的制度和措施，从而保证大家的切身利益。因时间关系，今天的会议到此结束，谢谢大家！"

二、会议主持中的典型问题及应对方法

1. 冷场

参会人员表现冷场有可能是思想准备不足，或不理解主持人的讲话内容，这时候可多鼓励、启发、引导参会人员进行发言，并及时给予反馈、帮助。

2. 离题

遇到发表的意见偏离主题时，可这样委婉地制止："你如果对这个问题感兴趣的话，等下会议结束后我们再单独谈好吗？今天会上就不展开讨论了。"

3. 窃窃私语或争论不休

遇到窃窃私语或争论不休的参会人员时，可直接到其旁边，对他们说："请把你们讨论的内容大声表达出来，好让大家都能从中受益。"这是让讨论者乐于接受的一种方式。

4. 意见冲突

毋庸置疑，会议中会出现不同的意见，作为主持人，要保持客观、中立的态度，保持冷静，安抚双方并重申会议规则，鼓励其交换意见，站在对方的立场思考问题。

5. 设备故障

在会议开始前，检查所有设备并确保能正常使用是必须的，但是如果在会议过程中投影仪、灯光、话筒等设备突然发生故障，主持人要沉着应对，稳定参会者的情绪，切不可自乱阵脚。

实训练习

（1）近期，你班要结合本班实际情况举办一次主题班会，请你与小组其他成员讨论该如何主持本次班会？要求：4～6人一个小组，主题自定，时间为5分钟。小组派代表展示本组的主持经过。

（2）针对学校近期的纪律、卫生评比情况，学生会计划召开一次学生干部座谈会，以便更好地了解情况，协助学保科老师做好学生管理工作。假如让你来主持本次座谈会，你打算如何主持？须运用课程中学到的会议主持的技巧。

学习评价

序号	内容	评价				备注
		完全掌握	基本掌握	较多不懂	未能掌握	
1	会议的主持技巧					
2	会议主持典型问题及应对方法					

任务三 活动主持

学习目标

1. 学生能掌握活动主持的技巧。
2. 学生能掌握活动中意外突发情况处理技巧。

技能要求

1. 学生能完成一次班级活动主持训练。
2. 学生能完成一次公司年会主持训练。

案例导入

案例 某班级临近毕业，同学们讨论决定组织一次毕业晚会，由文娱委员李丹担任主持，以下为她的晚会结束语："青春是一本太仓促的书，一眨眼，我们两年的校园生活已经画上了一个句号。离别后，思念是一棵没有年轮的树，永不老去。让我在暮霭里紧紧拥抱你，请守着炽热的梦想，请将这段闪亮的日子轻轻弹唱！请，为我珍重！2016级高级幼教1班'放飞梦想'毕业晚会到此结束！祝敬爱的老师们工作顺利，身体健康！祝亲爱的同学们前程似锦，梦想成真！"全班同学在欢笑中度过了一个有意义的毕业晚会，看似伤感的离别，经过李丹对活动的精心准备与组织，创造了快乐、轻松的氛围，同学们脸上更多的是对追逐未来梦想的期待与自信。

请分析案例中的李丹主持本次毕业晚会的成功之处在哪里？

无论是处在一个班集体，还是身在职场，都经常要举办活动。一场活动的成功举办不仅可以使个人尽情地施展才艺，还可以促进成员间的交流、沟通，提升团队的合作意识，何乐而不为？为了主持一场精彩的活动，我们要学习哪些技巧？

一、活动主持的技巧

1. 突破传声筒模式

主持的串词模式并不是千篇一律、一成不变的，如主持节目时，很多人都是按照"几句或赞赏或抒情的话+请欣赏……"这样的模式，即使我们的主持词是由专人拟写的，也不一定非得按照写好的模式进行，可以结合现场观众情况或节目之间的联系，重新组织语言，做到承上启下、穿针引线。

2. 用熟悉的语言表达

语言表达要注意不要只讲空话、套话、大话，要言之有趣，讲大家都喜闻乐见的。现在的网络科技发达，大部分人的网络生活都很丰富，主持时如使用个性化的网络语言不仅能传达信息，更易于让人接受。

3. 现场互动，激发热情

注重现场互动方式不仅可以拉近与观众的距离，而且可以活跃现场气氛，大大激发观众的参与热情，达到很好的活动效果。互动的方式有以下几种。

（1）游戏

在活动开始前，可以来一个与活动相关的热身游戏，使观众能更快地融入现场活动，如按摩操、绕口令、练习笑容等，只要与现场活动相关的都可以。

（2）舞蹈

舞蹈可以根据现场参加对象选择，这个环节的名称可以命名为"给我几秒钟""眉飞色舞""跟我来""不如来跳舞"等。

（3）故事

大部分人都喜欢听故事，或搞笑的，或富含哲理的，或引人奋发向上的。真实的故事可以打动人、渲染活动氛围，更容易让人产生共鸣。

（4）名言警句

这类互动方式比较适合一些知识竞赛类的活动，结合活动主题，设置一个"两分钟名言警句比比看"，更能锦上添花。

（5）问话互动

如问一些简单的问题"大家现在的心情好不好？"或"我们都是好学生，对不对？"。

（6）脑筋急转弯

如在活动开始前需要营造搞笑、轻松的氛围，这类互动再适合不过了。例如"有一只鲨鱼吃下了一颗绿豆，结果变成了什么？"（答案：绿豆沙（鲨））、"巧克力和西红柿打架，结果巧克力赢了，为什么？"（答案：因为巧克力棒）。

二、活动突发情况的处理技巧

1. 及时补救

利用已经发生的意外情况作为现成资源，及时处理。处理得当的话，反而会增加幽默感、调节活动气氛。例如某主持上台时不小心摔了一跤，她走到舞台中央很淡定地说："刚刚我给大家表演了一个小小的杂技，但很不专业，接下来请欣赏××杂技团带来的精彩杂技表演，掌声欢迎！"本来摔跤是一件很尴尬的事，但是经过主持的及时补救，活跃了现场气氛。

2. 将错就错

既然已经发生的不可改变，那就顺着此方向根据现场情况自圆其说。例如某次晚会上，作为主持的白岩松，要陪每个领奖的选手从台上走到台下，再快步跑到台上主持。当跨栏世界冠军刘翔上台时，白岩松因送人还没跑回来接他，刘翔不得不与另一名主持人握手，再向观众们挥手。白岩松回到台上给自己找了个台阶下，他是这样说的："我故意上台晚些，让大家多欣赏一会儿我们奥运英雄各种各样动感、美感十足的动作，大家说，看得是不是很过瘾呀？"听完台下一片掌声。

3. 巧妙应对

灵活处理突发情况，掌握现场。例如主持活动时，某位领导突然要来现场，主持人可以这样灵活应对："我刚刚和大家说，今天会有一位神秘嘉宾莅临活动现场，现在这位嘉宾已经在我们舞台前面了，让我们用热烈的掌声感谢××校长百忙中抽空参加我们的活动！"

4. 填补空白

这个方法为利用现场互动来突围。例如主持某毕业晚会时，突然停电，主持人上台说："感谢老天为我们制造这么难得的机会，现在让我们全体同学闭上眼睛，一起回忆我们的两年校园生活。稍后我们现场抽选几位同学说说你们的校园生活，说得精彩的，还会有奖品哦。"

实训练习

（1）预设情景训练：在下列场合，你应该如何主持？请你和小组其他成员进行练习，主持搭档要求4人以下。

① 在班级的集体生日会上；
② 在学校的演讲比赛上；
③ 在学校的元旦晚会上；
④ 在公司的年会上。

（2）请分析以下案例中的突发情况该如何处理？

案例 1：

陈飞担任学校广播站的播音主持时，有一位同学为自己的女朋友点播了一首歌曲《小幸运》，然而在他送出的祝福话语快要结束、准备播放音乐时，音响突然无法正常工作。此刻，陈飞该如何说才能化解尴尬？

案例 2：

罗思敏的公司今年业绩较好，经领导们商量决定，计划 12 月 30 日在腾飞大酒店举办公司年会，由入职两年的罗思敏主持本次年会。罗思敏因以前在学校主持过班级活动、元旦晚会，所以对本次年会主持还是非常有信心的，而且她还做了大量的准备工作。而令她措手不及的是，在介绍出席年会的领导嘉宾时，公司的董事长突然有急事离开现场，但没人提前告知她，你认为这时她该如何救场才妥当？

学习评价

序号	内容	评价				备注
		完全掌握	基本掌握	较多不懂	未能掌握	
1	活动主持的技巧					
2	活动突发情况的处理技巧					

项目四 语音客服

任务一 语音客服的语言技巧

学习目标

1. 掌握语音客服标准的发音技巧。
2. 掌握语音客服适中的语速和语调。

技能要求

学生能使用标准普通话和文明礼貌态度完成一段句子练习。

案例导入

案例 语音客服:"早上好,王经理,我是中国电信广东分公司语音客服小黄,工号100783。今天打电话给您是向您表示感谢,因为过去一年时间,您每月的话费都超过了150元,谢谢您对中国电信的支持!为了向您表示感谢,我有责任将电信公司最新的针对您这样的重要客户的优惠方案告诉您……"

语音客服:"您好!欢迎致电中国电信广东分公司,我是工号 10073 号语音客服,很高兴为您服务!请问有什么可以帮您?"

生活中,我们经常会接到很多公司语音客服的致电。对于语音客服来说,懂得使用标准的普通话、使用始终一致的语调和语速、做到文明用语礼貌待客是一次对话沟通成功与否的保障。

一、标准的发音

1. 语音清晰响亮

语音客服是通过语音来传递信息的,语音又具有易逝性,这就要求说话人发音吐字要清晰、发标准音,说普通话,声音要有一定的响亮度,否则,会给与客户的交流带来困难。清晰、响亮的口语表达是语音客服的基本要求。

2. 用词准确简洁

语音客服人员的语言表达是将思维转换成语言的过程，以声音的形式表现出来，思维与表达几乎同步，虽然没有更多的时间去斟酌语句，但仍要求用词准确、贴切，精心选择最确切、最恰当的语言，正确反映客观事物，真切地表达自己的思想感情。

3. 表达清楚突出

表达清楚指的是条理清晰、层次分明。虽然口语表达不像书面用语要求有严密的逻辑，但也不能说话毫无头绪、漫无边际。表达中心要突出，表达目的让听者一目了然、抓住中心，不能啰啰嗦嗦、展开漫谈。

二、适中的语速和语调

1. 适中的语速

语音客服讲话要掌握语速，说话忽快忽慢，快慢错位，不善于运用语速技巧，就会影响表达效果。交谈中如说话语速过慢，经由耳朵传到大脑的信息间隔时间就会过长，便会导致思想开小差；另一方面如语速过快，吐词如连珠炮，经由耳朵传至大脑的信息过于集中，又会使人应接不暇，甚至精神紧张。因此，作为语音客服，和别人交谈时选择合适的语速十分重要，一般情况下，不要太快也不要太慢，以中速为宜。掌握好语速及自如运用停顿，这无疑会增添说话的吸引力，给人以稳重、自信之感。

2. 掌握重音

作为语音客服，语言表达涉及重要事项时可适当运用重音表达部分词汇，如提及公司最新推出的产品、公司最新提供的服务等，根据不同的语言环境选择相应的语音变化来突出重音。例如，压住气息、用轻声或低声表达，用短促有力的声音表达，用拖长的声音表达等，都可以显示重音并实现语言目的。逻辑重读在电话语音中较常使用，重点强调部分内容。

3. 适当的语调

字有字调，句有句调，通常称字调为声调，是指音节的高低升降；而句调则称为语调，是指语句的高低升降。句调是贯穿整个句子的，只是在句末音节上表现得特别明显。语音客服语调上较多使用降调和平调，降调和平调一般用于陈述句，语势平稳舒缓，没有明显的升降变化，用于不带特殊感情的陈述和说明。

三、文明礼貌

1. 用词文明礼貌

文明礼貌是高素质、有修养的具体表现，语音客服人员口语表达要文明得体，使用文明用语，遵守礼貌原则，即使遇到急躁或故意刁难的客户，也要注意使用文明用语，健康高雅，不粗野鄙俗，不恶语伤人。

2. 态度温和谦恭

语音客服在沟通中应注意态度温和谦恭、说话温和、语气委婉，用诚恳、虚心、恭敬的语言与人交流，尊重客户的个人隐私，虽然不是与客户面对面交流，但客户从语音中也能感受到客服人员平易近人、平和得体的态度，愿意进一步与语音客服交流。

3. 保持说话微笑

微笑着说话，是人们日常交流中最常见的方式，因为语音客服跟客户不是面对面交流，因此有人认为客服人员没有笑容也不要紧。真的吗？许多名人和成功人士都把"微笑、再微笑一点"作为人际交往语言沟通的诀窍，微笑着说话，可以使我们的"提笑肌"适当地运用起来，这样使我们气息更顺畅、口腔状态更轻松、吐字更清晰，而且能帮助客服人员调整心态，充满自信，客户们听起来更舒服自然。

实训练习

（1）了解语调适中的重要性
① 用过高的语调朗读"您好！工号10086，很高兴为您服务。请问有什么可以帮到您？"
② 用过低的语调朗读"您好！工号10086，很高兴为您服务。请问有什么可以帮到您？"
③ 用适中的语调朗读"您好！工号10086，很高兴为您服务。请问有什么可以帮到您？"
（2）用"微笑""平静""生气"的态度，分别结合语速适中、语速慢、语速快的方法来朗读"先生，不好意思！您刚才说的太快了，我没听清楚。麻烦您再重复一次，好吗？"

想一想

如果你是这个客户，哪句话会令你心甘情愿地重复说一次？

学习评价

序 号	内 容	评 价				备 注
		完全掌握	基本掌握	较多不懂	未能掌握	
1	标准的发音					
2	适中的语调和语速					
3	文明礼貌					

任务二　处理呼入业务

学习目标

1. 掌握接听电话的注意事项。
2. 掌握回答商品咨询的技巧。
3. 掌握处理投诉的话术技巧。

技能要求

1. 学生能完成一次客户致电咨询商品的业务。

2. 学生能完成一次客户致电投诉的业务。

 案例导入

案例 语音客服:"您好！欢迎致电招财营业部,我是工号 178999 语音客服员,很高兴为您服务,请问有什么可以帮到您？"

客户:"想问你们每笔交易收取的手续费是 3%吗？我觉得你们的手续费太高了。"

语音客服:"先生,我能理解您此时的想法,我们的手续费之所以比其他营业部要高,是因为我们有一对一的客户经理服务,可以让您放心投资,节省您许多宝贵的时间。而且我们的研究团队是业界最有实力的。同时我们有新股提示、大盘点评短信服务,还会为您做理财报告,这些都是免费的。我们的从业人员几乎每月接受投资分析培训。因此从整体看,我们的价格是物有所值的。如果排除价格因素,您会考虑我们公司营业部吗？"

客户:"嗯,也有道理,那我就在你们这里开户吧。"

思考: 上面的案例中,如果客户的异议得不到满意的答复,成交的可能性是多少？

语音客服的主要工作是处理呼入业务,呼入客服业务最主要的任务是处理商品咨询、处理客户投诉和帮助客户下订单。不管是什么业务内容,都要求语音客服能够准确获取客户信息。

一、接听电话注意事项

1. 接听电话

电话铃声响起后,应尽快接听,但不要过于着急,铃声响第一声就接听很容易出现掉线的情况。一般是第二声铃声响后立即接听。若因业务量大无法及时接听,在铃声响后许久才接通的电话要在通话开始前先表歉意。

2. 自报家门

语音客服每次接通电话时都要礼貌问候对方"您好。您……",紧接礼貌问候之后,应主动报出公司或部门名称及自己的工号。例如:

"您好,我是信诚有限公司工号 1005 号语音客服,很高兴为您服务,请问有什么可以帮到您？"

3. 等待结束通话

结束电话交谈时,通常要咨询客户是否还有问题要咨询,如"请问您还有别的问题需要咨询吗",在得到客户确定回答后,语音客服要礼貌地道别,并先等客户挂断电话才结束通话。当与客户通话时遇到电话中断的情况,语音客服要主动负责重拨客户电话,继续保持通话。

二、商品咨询

1. 快速了解客户致电原因

客户致电语音客服的电话咨询一般是处理技术服务类问题、商品销售类问题、商品售后类问题、活动报名类问题等,语音客服在接听电话后应尽快了解客户致电的原因,为后续问题处理理清思路。

2. 解决客户咨询问题

了解客户致电原因后，语音客服应及时提出解决方案解决客户问题。对于不确定自己提出的方案是否能解决问题时，应记录下来并寻求确定的方法，在规定的时间内给客户回电，确认是否已解决并提出新的解决方案。若通过电话不能迅速解决问题时，就要以其他方式上门服务，及时解决客户问题，不要无限期拖延。

3. 记录客户基本信息

这个环节最考验语音客服的基本业务能力，把顾客基本姓名、联系电话、联系地址、购买需求或咨询需求通过电脑打字方式快速记录下来，方便后续进行销售或处理问题。

三、投诉处理

1. 安抚客户情绪

客户致电语音客服投诉，不仅是寻求解决问题的途径，部分人也是在发泄内心的不满。在处理客户电话投诉的过程中，语音客服应该给予重视，做一名优秀的"倾听者"和"询问者"。首先认真聆听客户所反映的问题，并及时做好记录；其次重点安抚客户情绪，要表达出"只要是我们的问题，我们会负起责任"的态度，为下一步了解投诉内容、处理投诉奠定良好氛围。例如：

客户："我的手机刚买了三个月，没摔过也没碰过，结果外壳裂了。你说这是怎么回事？"

语音客服："陈先生，您手机外壳裂了？请问裂到什么程度了？现在能不能用？"

客户："裂得倒不是很大，用是还可以用。"

语音客服："那还好，不过这对您来讲确实是件不好的事，我可以理解您现在的心情，我们公司将对您的手机……"

2. 了解投诉内容

语音客服仅仅凭借倾听客户投诉所言并不能全面客观地了解真实情况和获取客户投诉重点内容，此时语音客服必须耐心引导客户说出问题的重点，详细了解投诉的原因。过程中必须有的放矢，适度表示理解客户的心情，同时做好疏通引导，仔细分析询问客户问题的重点、产生的原因、产生过程等，重点是询问与记录应同步进行，以便后续跟进。例如：

语音客服："张女士，您能告诉我哪台空调出了什么问题吗？"

3. 提出处理建议

在了解清楚投诉内容后，语音客服应为造成客户的不便致歉。客户对投诉的最大不满是责任方漠不关心或推诿责任，所以面对投诉，客服真诚适度的歉意有助于解决投诉。语音客服在条件允许的前提下，询问客户希望解决的结果，在职责范围内，提出投诉处理的建议，确定最佳解决方案，与客户达成共识，最终妥善处理客户投诉。例如：

语音客服："张女士，我完全同意您的观点，新买的东西无法使用确实令人讨厌。我想您也知道，换个新空调会给您带来不少麻烦，我建议内外机不用全换，只换坏了的部分比较好，这样的处理方式可以让您第一时间使用上空调。"

⦿ 实训练习

请你根据所学知识处理以下呼入案例遇到的难题，并提供解决办法。全班分成若干小组，每个小组选派两名代表，分别扮演语音客服和客户的角色，完成情境展示。

家住海珠区的许先生在金翠皇宫大酒楼预订了两桌酒席，准备春节亲友欢聚。结果宴席前一天晚上，接到酒楼的来电说，因为最近预订的人实在太多，不得已临时在许先生的房间里增加了两桌。许先生觉得很生气，于是打电话向酒楼投诉。

许先生："你们实在太过分了，我都预订十多天了这才通知我，我都已经通知了所有亲友，现在你叫我怎么办？不行，你们必须得给我个说法！"

陈经理："许先生，这件事情确实是我们的不是，给您的安排造成了麻烦，我向您道歉。"

许先生："道歉有什么用！"

陈经理："您看，这件事我们怎么处理，您比较满意呢？"

许先生……

陈经理……

……

学习评价

序号	内容	评价				备注
		完全掌握	基本掌握	较多不懂	未能掌握	
1	接电话的注意事项					
2	商品咨询					
3	投诉处理					

任务三　处理呼出业务

学习目标

1. 掌握客户回访的话术技巧。
2. 掌握产品推广的话术技巧。
3. 掌握客户关怀的话术技巧。

技能要求

1. 学生能完成一次对客户进行回访的业务。
2. 学生能完成一次向客户宣传推广产品的业务。
3. 学生能完成一次对客户关怀的业务。

案例导入

案例　语音客服："早上好，王经理，请问现在接电话方便吗？"

客户："请问哪位？"

语音客服："我是飞鸟科技公司的技术推广范颖。王经理今天致电给您是推荐一种科技设备，可以提升您公司 50% 的生产效率，而且还不需要您任何的额外投资，通过您公司产品废品置换实现，我可以用一到两分钟的时间向您做一个简单的说明吗？"

客户："是吗？什么方法可以帮我提升生产效率……"

案例分析

这是一种十分经典的、能激起客户兴趣的语音销售开场白，语音客服人员通过陈述产品的最终价值——只需要产品废品置换实现购买提升 50% 生产效率的设备，成功吸引了客户的注意力。语音客服经常通过声音向客户推销或处理业务，因此掌握拨打电话的礼仪，利用声音魅力说服客户、感染客户，并最终赢得客户的信任，是每位语音客服的必修课。

呼出业务就是语音客服主动服务于客户，其业务涵盖了客户回访、产品推广、客户关怀等，如果说呼入业务是语音客服的常规工作，呼出业务则更考验语音客服的工作能力。客户回访是对之前客户的投诉进行回复处理，并进行相关的满意度调查；产品推广则针对企业、公司现有商品和优惠活动进行推广；客户关怀是在客户的特殊日子（如生日、周年纪念日等）送去祝福。

一、客户回访

1. 投诉回复

语音客服要对之前客户的投诉处理情况进行回访，以及对处理完成后的满意度进行调查。语音客服拨通电话后，要报上公司名称及工号，核实对方身份，及时说明此次回访的目的，征得对方同意后，根据"处理建议"进行投诉回访。例如：

语音客服："您好，这里是华光售后服务中心，请问昨天下午您在家发现的问题，我们的维修人员给您解决了吗？"

2. 满意度调查

客户回访还有一项重要目的是开展满意度调查，收集客户对公司的意见，为公司下一步改进提供第一手资料。语音客服在征得客户同意后紧接着开展三项满意度调查，分别是对此次投诉处理进行满意度调查、对本公司进行满意度调查、对本次通话进行满意度调查。意见收集有利于对以后投诉处理的改进及公司下一步该如何为客服提供产品和服务提供意见，也为语音客服工作的改进积累经验。例如：

语音客服："您好，张女士，我是向您销售××产品的小王，我今天打电话是想问您在使用产品的过程中觉得有问题吗？您如果有什么意见请直接告诉我，您的意见对我们企业来说非常宝贵……维修人员的服务还满意吗？"

二、产品推广

1. 对活动进行推广

语音客服拨通电话后，报上公司名称及工号，核实对方身份后开展本公司近期活动的推广营销。一般来说，客户对这种销售电话是很抗拒的，因此如何能让你的客户耐心地把你的话听完是件很重要也很需要技巧的事情，这不是一两天就能做到。语音客服要耐心和热情地处理客户的刁难及拒绝，要表达出友好态度，从此次通话目的是使客户能获益的角度进行陈述。例如：

"这一周，你们公司已经打了三次电话给我了，都叫我买理财产品！"（语气生硬，气愤）

"非常抱歉打扰了您的生活，给您带来了很多的不便，我们销售可能急于向您推荐我们公司一次很超值的活动。这次活动力度很大，就是希望能给客户们更多的让利和优惠，您是我们公司的白金用户，我们想第一时间告知您此次优惠信息，不想让您错过一年一次的优惠活动……"

2. 对产品进行推广

比起客户回访和活动推广，产品推广更难开展。要做好产品推广，必须要有良好的心理素质和灵活的应变能力，懂得掌握客户的心理，还要学会使用电话沟通技巧来完成推广。首先要保持良好的心态，尤其是初次从事语音销售的客服人员，要克服对来自客人的各种刁难的恐惧感，快速调整自己的心态。其次转变销售产品的直接方法，转变问题的定义，将产品有利客户的一面多做展示及引导。例如：

"我们公司这一季度推出的新产品，对比以往的产品在性能方面更有所提高，增加了很多新功能，用户可以获取更多……"

最后以客户的顾虑和阻力为卖点来推广，进一步确认客户不购买的真正原因，通过探询方式获取信息后，抓住客户顾虑和关心的核心点进行引导。例如：

"您这次不购买本产品是有哪方面的顾虑呢？""您犹豫不决的原因是我们产品哪点您认为还不够好？""您刚才所说价格方面的原因，其实我们还有更多的组合优惠……"

小贴士

一天中拨打电话的时机。

8:00～10:30　这段时间大多数客户会紧张地做事，接到语音电话也无暇顾及，所以这时，语音客服人员不妨先做准备工作。

10:30～11:30　这时你的客户大多不是很忙碌，一些事情也已处理完毕。这段时间应该是语音客服推广的最佳时段。

11:30～14:00　午饭和午休时间，不要轻易打电话，容易引起客户反感。

14:00～16:00　客户下午黄金工作时间，这段时间不要去和客户谈生意。

16:00～17:00　这段时间努力打电话，这时客户已忙完手上工作，一般有时间接听电话。

做一做

在班上随机抽取若干名学生作为语音客服，另外抽取同样人数的学生作为客户，根据上面的内容分别对活动和产品进行推广，看看哪个客服最称职？

三、客户关怀

语音客服有时会接到给客户送去生日祝福或节日祝福，并感谢其一直以来对公司的支持的工作任务，这就称为客户关怀。语音客服拨通电话后，报上公司名称及工号，核实对方身份后，送去生日祝福或节日祝福，感谢客户对公司的支持，并把一些节日优惠一并推荐给客户。虽然客户关怀是呼出业务中最简单的一项，但对企业却是比较重要的，实施客户关怀可以使客户加深对企业的印象，感受到被关怀、被尊重的优越感，这对企业的发展尤为重要。

做一做

程小姐是某护肤品公司金卡客户,今天是她的生日,请您代表护肤品公司致电程小姐,感谢她对公司的支持,并告知生日优惠大礼包活动、购物满一百送五十活动。

实训练习

简述以下话术中,语音客服哪些地方做得不对?该怎么做?

① "您好,陈小姐,我是正大证券营业部周明,我们营业部已经有10年历史了,不晓得您是否听说过我们公司?"

② "您好,陈小姐,我是正大证券的周明,我们是专业的理财投资顾问,请问您平常在哪家券商买卖?"

③ "您好,陈小姐,我是正大证券的周明,几天前我发了一些资料到您邮箱,不晓得您看了没有?"

④ "您好,陈小姐,我是正大证券的周明,我们的专长是提供适合贵公司的投资理财规划,不晓得您现在是否有空,我想花一点时间和您讨论一下。"

学习评价

序号	内容	评价				备注
		完全掌握	基本掌握	较多不懂	未能掌握	
1	客户回访					
2	产品推广					
3	客户关怀					

项目五

谈　判

任务一　谈判中的语言表达

学习目标

1. 掌握谈判的开局语言。
2. 掌握谈判的提问技巧。
3. 掌握谈判的回答技巧。
4. 掌握谈判的说服技巧。

技能要求

学生能完成一场模拟谈判，在谈判中首先能主动开局发言、主动提问对方及能够自如应答问题，并说服对方按照自己的要求达成协议。

案例导入

案例　1971 年，美国前国务卿基辛格为恢复中美外交关系秘密访华。在一次正式谈判尚未开始之前，基辛格突然向周恩来总理提出一个要求："尊敬的总理阁下，贵国马王堆一号汉墓的发掘成果震惊世界，那具女尸确实是世界上少有的珍宝啊！本人受我国科学界知名人士的委托，想用一种地球上没有的物质来换取一些女尸周围的木炭，不知贵国愿意否？"

周恩来总理听后，随口问道："国务卿阁下，不知贵国准备用什么来交换？"基辛格说："月球土壤，就是我国宇宙飞船从月球上带回的泥土，这应算是地球上没有的东西吧！"

周总理哈哈一笑："我还以为是什么，原来是我们祖宗脚下的东西。"基辛格一惊，疑惑地问道："怎么？你们早有人上了月球？什么时候？为什么不公布？"

周恩来总理笑了笑，用手指着茶几上的一尊嫦娥奔月的牙雕，认真地对基辛格说："我们怎么没公布？早在 5000 多年前，我们就有一位嫦娥飞上了月亮，在月亮上建起了广寒宫住下了，不信，我们还要派人去看她呢！怎么，这些我国妇孺皆知的事情，你这个中国通还不知道？"周恩来总理机智而又幽默的回答，让博学多识的基辛格博士笑了。

案例分析： 周恩来总经理用幽默巧妙地化解了对方的要求。适当运用幽默可缓解谈判中的紧张气氛，促进谈判有效开展。

一、谈判的开局方式

1. 从题外话切入

为避免谈判时双方过于直接地切入正题，造成谈判气氛严肃紧张，谈判时可采用迂回入题的方法，先不谈论与谈判内容有关的话题，而是选择谈论目前流行的社会新闻、旅游、艺术、社会名人、健康等话题，也可向与会人员介绍本地的季节、天气、衣食住行等，营造谈判前的轻松氛围。另外可以简略介绍双方谈判人员的职务、经历、年龄等，既打开话题又显示己方的阵容和力量。例如：

江苏省某城市即将与美资企业洽谈一个合资汽车配件项目。刚开始，美方对这个项目兴趣不大，这个城市的洽谈小组由副市长领导，在会谈的过程中，副市长亲自带美方代表团参观城市，介绍本城市地理位置、经济发展情况，讲解项目对当地汽车工业发展的重要性、独资兴办这个项目存在的困难以及市民对发展项目的支持等。美方觉得对方非常坦率，也通过亲身考察看到合作发展的前景。最后，双方经过坦诚的会谈，很快签订了意向书，会谈取得了很好的效果。

2. 从赞美自谦开始

对谈判对手适当的赞美可以缩短与对方的心理距离，增强对方的认同感，从而激发对方的谈判热情，调动对方的情绪，营造和谐友好的谈判气氛。同样，谈判前己方可以谦虚地表示请对方在此地谈判我方有些方面照顾不周，也可称赞对方的到来使我处蓬荜生辉。例如：

"最近天气很热，这次你们到来，我们有所照顾不周，虽然我们在酒店和会场都准备了很多消暑的饮品和食品，但担心口味及配套服务做得不足，请多多见谅。"

"哪里哪里，你们想得很周到，给你们添麻烦了。"

3. 从风趣幽默开始

谈判者借助风趣幽默的语言技巧打消对方的戒备心理，引起对方的好感和共鸣，使其积极参与到谈判中来，从而赢在轻松的谈判开局气氛。使用这种方法对谈判人员的素质要求比较高，谈判人员除了应具备良好的文化素养以外，还应具有良好的气质和风度，而且幽默要合时宜，不能尖锐刻薄，千万不要加入嘲笑对方的成分。例如：

一次记者招待会，周恩来总理介绍我国建设成就。一个西方记者问："中国人民银行有多少资金？"这涉及国家机密，不可直言相告。总理眉头一皱，很快答道："有18元8角8分。"在场的人全都愕然。总理解释说："中国人民银行的货币面额为10元、5元、2元、1元、5角、2角、1角、5分、2分、1分，共十种主、辅人民币，合计为18元8角8分。中国人民银行有全国人民当后盾，信用卓著，实力雄厚，人民币是世界上最有信誉的一种货币。"话音刚落，全场响起热烈的掌声。总理有意回避问题的实质，以"总面额"替代"总金额"，既堵了外国记者的口，又不损害招待会和谐的气氛。

4. 从具体议题入手

大型商贸谈判总是由一次次具体的谈判组成的，在每一次谈判会议上，双方可以首先确定本次会议商谈的议题，然后从这一具体议题入手进行洽谈。具体的议题一向宜小不宜大，一般可以单位时间考虑。但采用这种技巧，要有统一的规划和安排，避免形成马拉松式的局面。例如：

主方："我们彼此先介绍一下各自的商品系列情况，你觉得怎么样？"

客方："可以，要是时间允许的话，咱们看看能不能再谈谈运输？"

主方："很好，咱们谈一个半小时如何？"

客方："那么，是我先谈，还是贵方先谈？"

5. 让对方先开口

在商贸谈判中，当你不是很了解市场情况或者产品的定价，或者你无权直接决定购买与否的时候，你一定坚持要对方先说明可提供何种产品、产品的性能如何、产品的价格如何等，然后你再审慎地表达意见，在此基础上提出自己的要求。这种后发制人的方式往往会收到奇效。例如：

"我想先听听贵方的产品介绍。"

"贵方这期产品有什么突出的功能能要求这个报价？"

二、谈判的提问技巧

商贸谈判中，提问是推动谈判层层深入的主要手段，提问时哪些问题该问，哪些问题不该问，为了达到某一目的的问题应该怎么问，以及问的时机、场合、环境等，对一个谈判人员来讲是非常重要的。

1. 开放式提问

开放式提问可以让谈判对手回答时不受约束，能畅所欲言。它常常用于营造谈判气氛。例如：

"请问您对我公司印象如何？"

"您对当前网络销售状况有什么看法。"

2. 封闭式提问

封闭式提问语言直白，明确具体，它常用于具体业务内容的洽谈。例如：

"您认为本次合作销售后服务有没有改进的可能？"

3. 委婉式提问

委婉式提问是采用委婉的语气或方法，在适当的场合或时机向对方提问。这种提问，既可避免对方拒绝而出现难堪局面，又可以自然地探出对方的虚实，达到提问的目的。例如谈判一方想将自己的产品销售出去，但他并不知道对方会否接受，可试探性地问：

"这种产品功效还不错吧！您能评价一下吗？"

4. 澄清式提问

澄清式提问是针对对方的答复重新措辞、补充原先答复的一种提问，确保谈判双方在同一语言层面上沟通，而且可以进一步从对方得到澄清、确认的反馈。例如：

"您刚才说对目前正在进行的这单生意可以取舍，是不是说您拥有全权与我谈判？"

5. 注意提问的内容

提出问题是我们获取信息、发现对方需要的一个有效手段，但并非任何问题都可以问。一般在谈判中不应提出以下问题。

① 不应问及有关对方个人生活等的问题，保护个人隐私。

② 不要提出含有敌意的问题，会损害双方关系。
③ 不要提出质疑对方品质的问题，如指责对方在某一个问题上不够诚实。
④ 不要故意提出与谈判内容毫不相关的问题，以显示自己的"好问"。

6. 注意提问的时机

提问的时机很重要。掌握提问的时机，可以控制谈话的方向。可在以下几个时间来提问。

① 在对方发言完毕之后提问，自己充分记录对方问题的要点。
② 在对方发言停顿、间歇时提问，主动争取谈判进程，例如：
"您刚才发言的要点是……"
③ 在自己发言前后提问，例如：
"我们的基本原则和观点就是这样，您对此有什么看法？"

三、谈判的回答技巧

1. 回答问题前，要给自己留有思考的时间

对于商务谈判提出的问题，必须经过慎重思考之后才能回答。对方提问的话音刚落，我方就马上回答问题，这种做法很不科学。在谈判过程中，绝不是回答问题的速度越快越好，面对对方的催促更应该沉稳坦率。例如：

"你方提出的这个问题我们需要时间讨论，认真思考后回答才是对双方负责的做法。"

2. 把握对方提问的动机和目的

谈判者提出问题往往带有目的性，动机也是复杂的，获取对方问题中的信息，准确判断对方用意，便可做出一个另辟蹊径的回答。如对方在谈判时咨询我方供货能力，这有可能是对方要大量订货，也有可能是了解我方库存情况，还可能是要估算产品的成本，在没有摸清对方意图的情况下，不能贸然回答，等明确对方的真实意图后，再伺机回答。例如：

"如果我们合作成功了，贵方不用担心我方供货能力问题，我们本着长期合作的态度非常重视您这位客户。"

3. 不要确切回答对方的提问

在商务谈判中，对方提出的问题或是想了解我方的观点、立场和态度，或是想确认某些事情，对此我们可视情况而回答。对于应让对方了解的或表明我方明确态度的问题，要认真回答。对于那些可能会损害我方利益和形象的问题，谈判者回答时可以模糊回答，不做明确的答复，留有较大的灵活性，有时不予理睬是最好的回答。例如：

陈经理是某通信企业的销售经理，企业急需销售一批高质量的托架。陈经理找采购商谈判时，刚一见面，采购商就友善跟对他寒暄："我们是第一次打交道吧？以前我好像没见过你。"采购商想用寒暄托词，来探测对手究竟是生意场上的老手还是新手。陈经理缺乏经验，恭敬地回答："我是第一次来谈业务，什么都不懂，请多关照。"正是这番极为平常的寒暄答复却使采购商获得了重要的信息：对方原来只是个新手。采购商又问："你打算以什么价格卖出你的产品？"陈经理又如实地告知对方："我的产品每件成本是200元，我准备卖250元。"

采购商了解到陈经理人地两生初次谈业务，又暴露出急于要为产品打开销路的愿望，因此趁机杀价，"你首次做生意，刚开张应该卖的更便宜些。每件200元，如何？"结果没

有经验的陈经理在这次交易中吃了亏。

有时对方提出某个问题,我们可能很难直接从正面回答,但又不能拒绝回答时,应避开问题的实质,将话题引向歧途,以破解对方的进攻。例如:

对方询问己方可否将产品价格再压低时,我方可以回答:"价格确实是大家关心的问题,不过我方产品的质量和我们售后服务是一流的。"也可以回答:"我想你一定会提出这个问题,我会考虑您的建议,不过请允许我再提一个问题。"

4. 对于不知道的问题不要回答

参与谈判的人不是全能全知的,谈判中尽管我们的准备很充分,也会经常遇到陌生难解的问题,这时,谈判者切记不可以为了维护自己的面子,勉强回答,这样不仅可能损害自己的利益,也会让谈判陷入被动,对自己的面子丝毫无补。因此,对于我们不懂的问题,应坦率告诉对方不能回答,或暂不回答,以避免付出不应该付出的代价。

5. 答非所问,以问代答

有些问题可以通过答非所问的方式给自己解围,经验丰富的谈判人员往往在谈判中运用这个方法。表面上看,讲话的人似乎思路不清晰、跳跃,实则不然,从谈判的技巧角度来讲,是对不能不答的问题的一种较有效的答复方法。商务谈判中有时可以用以问代答,此方法如同把对方踢过来的球,踢回去一样。例如:

"你对双方合作后的前景怎么看待?"

"那么你对我们合作后产生的影响力怎么看待呢?"

实训练习

(1) 案例讨论,请思考下列案例中提问或回答的技巧正确吗?

① 乙方问话时发现甲方的漏洞,于是刨根问底地追问。甲方回答:"这是一个无法回答的问题。""这个问题只好留待今后解决。""现在讨论这个问题为时尚早,是不会有什么结果的。"

② 甲方想了解乙方目前的经营状态:"祝贺你们呀,听说贵公司每个月的生产利润超过六位数!"乙方:"是的,我猜想您会这样问,我可以给您满意的答复,不过在回答之前请允许我提一个问题。"甲方对于回答并不满意,乙方继续回答:"您的问题提的很好,但客户数现在我没有第一手资料来做答复。""我想您是希望我为您做详尽并圆满的答复的,但这需要时间,您说对吗?"

(2) 从下面的案例中,你得到什么启示?请加以评析并与同学相互交流。

赫布·科恩是美国谈判学界的权威人士。他有一位朋友是医生,医生居住的大楼所在地,被一位房地产商看中并准备在此地建摩天大楼,大楼中除医生一家没有搬迁外,其他居民早已与房地产商达成协议搬离了大楼。医生与房东的租赁合同还有两年,加上医生不愿搬迁,因而就有了医生与房地产商就搬迁事宜进行的谈判。

医生把此事交给了赫布,赫布也非常愿意帮助这位朋友。他的思路非常清楚。此次谈判,既要维护当事人医生的利益,又要找出一项双方都愿意接受的解决方法,具体来说,就是要提出双方都能接受的搬迁费用。

房地产商将此事交给了他的秘书杰克,这是一位年轻的小伙子,在接受任务的第二天,杰克就给赫布打电话,并问他的当事人要多少钱才肯搬迁。赫布说他的当事人好像不愿搬迁，因为租赁合同还有两年。杰克也知道租赁合同还有两年的事情，看到赫布那坚决的态度，无奈，杰克只能自己先开价，虽然杰克的开价从 2.5 万美元一直升到 5 万美元，但赫布对他的话始终回答不搬或者差得远着呢。

杰克的开价已经大大超过医生的心理价位，但为什么赫布仍不还价呢？其实赫布在接受谈判任务后，对谈判资料进行了调查和分析，他首先制定了谈判策略，因为当事人有着十分有利的条件来实施这一策略。另外也是最重要的一点，他估算出房地产商买下那栋楼的价钱以及大楼空闲代价，加上抵押托管支付的所有费用共 25 万美元，赫布估算出价格并以此为谈判的最大砝码，赫布希望他的当事人能拿到 25 万美元的 30%～50%，并认为这并不过分，假如当事人不愿意搬迁，两年后，那个房地产商就要付出 25 万美元，想想也是合理的，果然在杰克不断加码的过程中，赫布以 10 万美元的价格使这场谈判画上了句号。

（3）情景模拟训练

加薪谈判的练习

你的薪金低于你从事工作应得的报酬，你公司经济收益不错，自你两年前被安排到这个职位以来，你加班加点、周末不休息地工作，取得比同行要好的业绩，公司也因你的努力发生了巨大变化，然而你的老板却说，他受行业公司的限制，对你的加薪请求采取冷漠无情的态度，实际上他完全有权将你的薪金提高。

现准备就加薪问题和你老板进行谈判。一个人扮演你的角色，另一个人扮演你的老板，第三个人扮演观察者。思考：谈判中应运用什么技巧？谈判后回顾、检查谈判的情况。

学习评价

序 号	内 容	评价				备注
		完全掌握	基本掌握	较多不懂	未能掌握	
1	谈判的开局方式					
2	谈判的提问技巧					
3	谈判的回答技巧					

任务二 谈判报价与磋商

学习目标

1. 掌握谈判中报价的技巧。
2. 掌握谈判中讨价的技巧。
3. 掌握谈判中还价的技巧。

技能要求

1. 学生能够运用谈判报价策略完成一次谈判。

2. 学生能够运用讨价和还价技巧完成一次谈判的讨价还价。

 案例导入

案例 青岛一家造酒厂的工会代表因工人要求增加工资一事向厂方递交了一份书面要求。几天后，厂方约她进行关于新的劳资合同的谈判。令她吃惊的是，谈判一开始厂方就花了很长时间向她详细地介绍了销售及成本情况，反常的开头让她措手不及。为了争取时间考虑对策，她便拿起会议材料看了起来，最上面一份是职工们的书面要求，一看之下她才明白，原来在打字的时候出现错误，将要求增加工资8%，打成了18%，难怪厂方小题大做了，看到这里，她心中有了底，等待厂方提出建议。果不其然，厂方建议增加工资7%，谈判下来最后以10%达成协议，比自己的期望值还高了两个百分点。

案例分析：

价格是商务谈判中难以回避、影响谈判成功与否的重要内容，报价高还价低，这是报价的基本原则，出价的高低又有很多技巧和策略，也影响着谈判双方的心理及认可的变化度。

报价与磋商阶段是实质性谈判阶段，是指谈判开局以后到谈判终局之前，谈判双方就实质性的事项进行磋商的全过程，是谈判的中心环节。商务谈判报价与磋商阶段在程序上包括报价、讨价与还价、冲突与僵局的调节等几个方面。

一、谈判的报价技巧

1. 开盘价须合情理

开盘价是报价中最重要的核心，开盘价的高低会对整个谈判产生实质性的影响，若要成功地进行报价，报价的原则一定要清楚：对于卖方来说，开盘价必须是最高价；对于买方来讲，开盘价必须是最低的。因为，卖方开盘价一旦确定报出，一般来说就不能提出更高的要价了，最终成交价格肯定在此价格之下；如果是买方，开盘价就要给卖方确定一个最低限度，最终的成交价格一定要在此价格之上。例如：

本来打算每件卖100元的衣服，如果报价是100元，在讨价还价中价格必然会降到100元以下；如果报价是150元，在讨价还价中把50元让给对方，最终以100元成交，这样既满足了对方的心理需要，自己的实际收入也没有减少。

开盘价虽会报得高一些，但绝不能漫天要价、毫无控制。开盘价必须合乎情理，如果报价过高，又没有理由支撑，对方必然认为己方缺乏谈判的诚意，"漫天开价"，或终止谈判，无法继续合作，或同样来个"漫天杀价"，穷追不舍，使己方陷入被动的境地，造成谈判困难。因此开盘价须经精确计算，所报价格上浮下调不超过商品附增价值30%比较合理，双方较易接受。

2. 先报价的利弊

先报价的利：谈判一般是希望尽可能按己方意图进行，先报价格将为以后的讨价还价树立起一个界限，把对手的期望值限制在一个特定的范围内，双方的讨价还价就只能以此为根据。所以先报价格对谈判的影响较大。例如：

卖方先报价某批次材料1000元/吨，买方能承受的价格却是600元/吨，与卖方报价有一定差距，双方磋商结果的最终成交价格在800元/吨，虽不会超过1000元但也不会低于

600 元。

先报价的弊：有时先报价的一方可能过早地暴露了自己手中的底牌，对方可以从中寻找信息、做出调整，要求先报价一方做出优惠让步，甚至可以得到本来得不到的好处，如开篇的案例。

3. 后报价的利弊

后报价的利弊与先报价正好相反，有利之处在于己方处于暗处，还没有亮出底牌，自己可以根据对方报价及时修正报价的策略，以争取最大的利益和最佳的谈判地位；其弊端也较明显，后报价被对方占据了主动位置，而且必须在对方划定的价格范围内谈判。例如：

有一位高级工程师，她的一项发明获得了发明专利权，她所在的公司希望购买她的发明专利。这天公司总经理找到她，开门见山地说明自己的来意，并问她愿意以多少钱转让其发明专利。工程师对自己的发明到底值多少钱心中没数，心想能够卖到 5 万美元就不错了，不过对方能出多少钱呢？还是让对方先报个价，自己再见机行事吧，于是她没有说出自己的报价，而是说："我的发明专利在社会上有多大的作用，能给公司带来多少价值，您是十分清楚的，还是先请您说一说吧。"总经理见对方把皮球踢给自己，只好先报价了："50 万美元怎么样？"这位工程师简直不敢相信自己的耳朵，直到总经理再确认一次，她才意识到这是真的，经过一番讨价还价，双方最后就以这一价格达成协议。

4. 报价的时机

在价格谈判中，报价时机也是一个策略性问题。在价格谈判中，卖方不要急于报出价格，而应首先让对方充分了解商品的使用价值和能为对方带来的收益等问题。当对方了解清楚并对此产生兴趣后再谈价格问题，是提出报价的最佳时机。既然对方已对商品产生了购买欲望，此时报价较为自然，交易也水到渠成。例如：

王先生酷爱收集紫砂茶壶。有一天他在一家茶品店看中了一个看上去年代比较久远的紫砂茶壶，上前询问茶壶的价格，营业员并不急着报价，而是热情地接待了王先生，并请王先生进店品茶，品茶的过程中介绍店里的各式紫砂茶壶。当介绍到王先生看中的那款紫砂茶壶时，营业员说到："这是宜兴陶艺世家蒋大师 1998 年的作品，蒋大师技术精湛，风格独树一帜……"王先生听完后表现出浓厚兴趣，最后接受了店员 12 万元的报价。

5. 报价的差别

同类、同质商品由于购买数量、付款方式、交货期限、运输方式等方面的不同，会形成不同的报价价格。因此，无论是卖方的报价还是买方的出价，都应该考虑不同附加因素条件下的差别。

例如：为巩固良好的客户关系或建立起稳定的交易联系，对老客户和大批量购买的客户，可适当实行价格折扣；有时为开拓新市场，对新客户也可适当给予让价；对某些需求弹性较小的商品，可适当实行高价策略；旺季相对淡季，价格自然较高；交货地点较近或位置地点优越者，应适当减价；一次性付款较分期付款或延长付款，价格需要给予一定优惠。

二、谈判的讨价技巧

1. 讨价的方式

讨价刚开始阶段，由于对对方价格的具体情况尚未了解，因此采取的策略是全面讨价，就是要求对方从整体上提出重新报价。当讨价开始涉及具体内容时，可采取针对性讨价，即找出对方报价不合理、要价高的项目，针对此项目修改报价。讨价的最后阶段，是整体讨价方式。经过几轮针对性讨价后，有争论项目已经谈妥，这时只能从总体上要求对方改善价格。例如：

某电影城老板要把其电影城整体转让，报价为 2000 万元，乙方通过对该电影城的影厅、观影设施等的价格进行评价后，提出全面改善价格的要求，这是对电影城的全面讨价。谈判中期乙方又对电影城影音设施落后等情况，提出该设备折价空间要加大，并针对该设备提出改善价格要求。谈判后期阶段，乙方因一次性付款的付款方式再要求降低 3%总体价格。

2. 讨价的次数

讨价次数具体是指要求报价方改善报价的有效次数，即讨价后对方降价的次数。究竟讨价可以进行几次，没有统一的标准，讨价的次数要取决于讨价方对报价方报价价格的评价，只要讨价方觉得报价仍然有降价的依据，讨价过程就不能结束。讨价一般不止一次，多数谈判的讨价在 2~3 次。但价格改善到一定程度应该停止，并给予还价，否则会影响后续谈判。

3. 讨价前不能谈看法

对方报价后，己方只要说出自己对谈判内容价格的具体看法即视为已进行了还价。这样做，选择权就让给了对方，己方不能再进行讨价了。因此当对方报价或还价后，己方只能分析对方价格中的错误或水分，或指出对方报价高或低，而不能表示自己价格定在哪里或想要多少。例如：

卖方："我们的设备报价每台 800 元。"

买方："该价格与市场行情相差甚远，不切实际，请重新报价。"

卖方："700 元，这是最低价。"

买方："700 元不行，水分太大了。我们无法接受。"

4. 讨价要适可而止

讨价要适可而止，不可无限期地拖延下去，一则不考虑对方已对价格做出改善，继续讨价会显出对谈判没有诚意，容易造成谈判破裂；二则久拖而不还价，会让对方觉得己方不了解市场行情，显得己方缺乏谈判手段。只要对方能把价格中的水分降下 40%~50%，己方即可还价。

三、谈判的还价技巧

1. 还价的方式

根据价格评论的依据划分，还价可分为分析成本还价和分析比价还价。分析成本还价，指己方了解产品，能计算出所谈产品的成本，在此基础上加一定百分比的利润作为依据进行还价。这种还价的关键在于计算成本的准确性，成本计算越准确，说服力越强。分析比价还价，是指己方不了解所谈商品本身的价值，而选取与其相近的产品价格或竞争者的价格作为参考进行还价。这种还价的关键在于所选择的对比产品是否具有可比性，只有比价合理还价才能使对方信服。例如：

中国 G 公司与法国 L 公司就计算机制造计算的交易在北京进行谈判，双方就技术购买价格一直僵持不下。法国 L 公司要求中国 G 公司支付 5000 万美元的合作费用，但中国 G 公司了解到，相同的技术法国 L 公司去年却只要求韩国 W 公司支付 4000 万美元的费用。

当中国 G 公司说明法国 L 公司与韩国 W 公司去年的合同条款并分析今年材料设备耗材等价格影响因素后,法国 L 公司不得不同意中国 G 公司 4300 万美元的还价。

根据每次还价项目的多少划分,还价可分为单项还价、分组还价和总体还价。单项还价是指对商品逐项进行还价。分组还价是指将谈判内容分成若干个项目,按照每个项目报价中水分档次逐一还价。总体还价指整体还价,不按部分项目差异,均按同一百分比还价。

2. 还价的起点

还价的起点是买方第一次公开报出打算成交的条件,其高低直接关系到自己的利益,也会侧面反映出谈判者的水平。因此,还价起点应关注与自己目标价格的差距。对方报价与己方准备成交的价格目标差距越小,其还价起点应当越高;差距越大,其还价起点就应越低。同样报价含水量也是确定还价起点的第二因素,对于所含水分较少的报价,还价起点应该较高,让对方感受到己方交易的诚意;对于含水量较高的报价,还价起点就应较低。例如:

甲方商品成本价 800 元,甲方报价给乙方 1000 元,乙方认为与自己准备成交目标价格差距不大,还价 900 元,最后双方以 930 元成交。同样商品,甲方报价给丙方 1500 元,丙方认为甲方价格含水量较大,还价 800 元,最后双方并未合作。

3. 还价的策略

买卖双方在谈判中要尽可能了解对方的情况,可采用虚张声势、虚实结合的办法,再三挑剔对方的缺点,把握当己方采取某一步骤时对方的反应、意图或打算。提问题要有针对性,但又要避免暴露提问的真实意图。例如:

对方询问订货数额增加到 8000 件货物时的优惠价格,己方可以反问:"你希望优惠是多少?"或"你的意思是你准备购买 8000 件货,是吗?"

实训练习

谈判模拟

(1)在商店快要关门的时候,你看到一条很想买的裙子标价 998 元,而你身上只带了 700 元,正准备要还价时,看到商店墙壁挂着"还价免谈"的牌子,这时商店就要关门了,你打算怎么办?

(2)假如你是某旅行社经理,正与马来西亚某酒店接洽明年订房的事宜,对方提出访客每天的房租必须增加 50 马币,但对方愿意与你各负担 50%,此时你怎么办?

① 提议对方负担 60%,我方负担 40%。

② 拒绝加价。

③ 接纳对方加价的提议。

④ 提议对方负担 75%,我方负担 25%。

(3)你是一家饮料厂的主要谈判人员,一家全国连锁的大型超市采购经理刚刚告诉你,你们的饮料要每瓶降价一元,否则他们就不会再进货,对方每年卖出你们厂上百万瓶饮料,你怎么办?

① 微笑着说不。

② 同意经理的意见。

③ 建议一个折中办法,而折中办法是什么呢?

（4）你对网络广告中一部二手轿车很感兴趣，上门去找车主，车主恰好不在，他的妻子参与谈判。妻子说她丈夫交代售价绝不能低于 85000 元，她似乎没有减价的意向，此时你该怎么办？

① 留下名片，告诉她，如果愿意减价，则向你致电。
② 继续与车主妻子讨价还价，万一她坚持不退让，你再支付她 85000 元。
③ 等她丈夫回来，再与她丈夫谈判，此时你的谈判策略是什么？

学习评价

序 号	内 容	评 价				备 注
		完全掌握	基本掌握	较多不懂	未能掌握	
1	谈判的报价技巧					
2	谈判的讨价技巧					
3	谈判的还价技巧					

任务三　谈判说服与让步

学习目标

1. 掌握谈判中说服的技巧。
2. 掌握谈判中让步的技巧。

技能要求

学生能够用说服对手和适当让步的技巧完成一次谈判。

案例导入

案例　有一次美国谈判大师罗杰到亚特兰大参加一个谈判技巧研讨会，研讨会就在他住的旅店举行。开会的前一天晚上，罗杰很晚才到达旅店，为了在明天上课时给听众们一个活生生的见证，他走到旅店柜台问服务生："我已经预定了房间，我要入住。"

"好的，先生，我们现在只剩下一些双人床的房间。"

"你们没有单人大床房的房间吗？我不习惯住双人床房间。"罗杰皱着眉头问。

"很抱歉，今天您来晚了，明天这里还有研讨会，我们已经没有单人床的房间了。"

"怎么会这样？研讨会的人一个月前已经帮我订了房间，你们现在才告诉我没有单人床，我不能接受双人床的房间。"

于是柜台服务生把经理请了出来，经理向他解释，整个大饭店真的只剩下十个双人床的房间，罗杰于是很不情愿地说："如果是这样，我也许要考虑睡双人床房间了，我内心非常不愿意，并且下次我会考虑是否再入住你们的酒店。如果我接受你们的房间，你们要怎么补偿我呢?"罗杰心想,经理也许会给他一张免费的早餐券或别的什么。没想到经理居然说:"这样吧,也许我们可以给你打个折扣,就算你八折好了。"

于是十分钟之内,罗杰的住宿费从 70 美元降到了 56 美元。

案例分析:罗杰通过说服技巧让酒店做出了适当的让步。如何说服对手,己方是否也要适当让步是谈判中的另一个重点。

一、谈判的说服技巧

能否有效地说服对方接受自己的观点,对于谈判过程中双方之间的关系,以及最终达成的协议有着重要的作用。有效的说服,能够使双方尽快接受分歧,避免双方在谈判过程中出现不必要的对抗,大大缩短磋商的过程,提高谈判效率,加快谈判进程。

1. 先易后难,步步为营

谈判应当按照先易后难的原则去安排,当谈判双方利害冲突不大时,更容易取得初步成效,能使双方从一开始就显示出合作的诚意和对彼此的信任,从而为谈判的进展创造更加友好的气氛。

2. 直言利益,婉言弊处

在说服对方时,为满足对方对谈判结果的心理需求,我方不仅应对主张晓之以理,更应该侧重利益的体现。但只言利益不言弊处,往往会引起对方猜疑,因为人们不会相信你的提议纯粹是为了让他们一方得到好处,要成功地说服对方,就要把好与坏两方面信息全部传递给对方。在传递过程中,一般先言有利的一面,然后再以委婉的口气陈述有弊的一面。这样不但不会削弱第一个信息的印象,相反我方还会给对方留下坦率真诚的良好印象。例如:

"如果你们现在不按照我们要求的价格供货,你们的产品将因为低迷的国内经济,陷入销售低迷的状态。但是如果你按照我方要求的价格供货,我们将保证下一季度增加 25%的订单。你们愿意走哪条路呢?"

3. 强调互利,激发认同

谈判中交织着冲突和合作的双重因素,谈判的成功与否取决于合作与冲突的强弱,强调利益的一致性比强调利益的差异性更容易提高对方的认同程度和接纳的可能性。因此,在谈判中己方应该多强调双方利益的一致性和互惠性的可能性,这样有助于使对方在认同自身利益的基础上接受己方的意见。

4. 以事实为由,恩威并施

谈判过程中,双方难免会产生意见分歧,作为谈判的双方,既要维护自己应得的利益,又要满足对方的必要需求,有经验的谈判者会根据己方的合理需求和对方的必要利益,做到恩威并施、刚柔相济。在涉及我方应得利益的问题时,应实施强攻的心理战和语言对策,显示刚的威力,迫使对方在这些问题上做出让步。例如:

营业部门向生产部门提出要求称:"我们已经告知用户了,所以你们必须在 4 月 30 日之前交货。"

5. 投其所好,取我急需

在说服的过程中,如果发现对方的迫切需求与己方的第一需求并不矛盾,那么我们就可提出一个"投其所好,取己所需"的方案,达到一拍即合的效果。

6. 多言成果，淡化分歧

为了更好地说服对方，己方应充分运用已取得的谈判成果，重点反复强调已解决的问题，赞扬双方在此前谈判阶段的真诚意向和良好的合作氛围，而不应单纯去强调未解决和有争议的问题，这样更有助于增强双方合作的信心和决心，鼓励和说服对方始终以积极的态度相互理解、相互体谅，逐渐淡化争议、扩大战果，直至达成协议。

二、谈判的让步技巧

1. 让步要选择时机

让步的时机会影响谈判的效果。如果让步时间过早，对方会以为这是应得的让步，这将会使对方得寸进尺；如果让步过晚，将失去谈判价值，影响成交机会。让步可以放在最后时刻，作为签约前的"甜头"。

2. 让对方珍惜你的让步

尽量延迟让步的时间。如果需要让步，应该将让步延迟到最后一分钟。让对方首先做出让步，然后己方再做让步，从而使对方觉得，己方每次做出的让步都是重大让步，即使是微小的让步，也要让对方觉得做出让步来之不易，从而珍惜得到的让步。

3. 让步不能损害己方的基本利益

让步要注意限度，限度是以不损害己方利益为基本立场、基本前提的。欠妥的让步要及早收回，递增式的让步方式会导致对方对己方让步的期望值越来越大，很可能使己方遭受重大损失。

4. 采用互惠式让步方式

互惠式让步是指以己方的让步换取对方在某一问题上的让步。谈判时可以把各个议题联系在一起，双方可以在各议题上进行利益交换，达到互惠式的让步。如把己方的让步和对方的让步直接联系起来，己方表明只有对方在让步问题上能达成一致，己方才可以做出让步。例如：

己方谈判人员："我们认为在这个问题（对方要求己方让步的问题）上没有多大的障碍，只要你们在我们提出让步时能与我们达成一致就行。"

实训练习

1. 案例分析

阅读以下案例，分析用哪一种谈判技巧比较合适？

我国某机械进口公司，准备向外商订购一台设备。一开始我方表示愿意出价10万美元，而对方的报价则是20万美元，在比较了各自报价之后，双方都预计有可能成交的价格范围是14万到15万美元。

面对还价节奏和让步幅度的问题，我方谈判代表展开了讨论，主要有三种意见。第一种意见认为，本着速战速决的原则，认为双方最好能够互谅互让，我方出价14万美元可以兼顾双方的利益，因此比较现实；第二种意见认为，第一种意见让步过大过快，应该向对方表示，我方愿意考虑让步，但不超过5000美元，从原来出价的10万美元增加到10.5万美元；第三种意见则认为，第一种意见显然让步幅度太大，但第二种意见的让步又未免过小，这样会使人觉得我方的让步微不足道、缺乏诚意，比较稳妥的让步方式是应该考虑从

10 万美元增加到 13.5 万美元，这样几回合的讨价还价结束时，就有可能以 14 万美元的价格达成一致。

2. 情景模拟训练

（1）薪酬调整谈判。

你所在公司的经营状况出了问题，销量减少，利润下降，公司老板提出所有员工的工资下调 20%，以帮助公司渡过难关，等公司经营状况好转之后再调回原来的工资标准。从实际出发，以薪酬谈判为例，分析你和公司各自的利益情况、主次要利益、局部整体利益，以及在哪些利益上面可以让步。以分析为基础，进行模拟谈判，对互惠互利的让步策略进行演练。

一个人扮演谈判中你的角色，另一个人扮演你的老板，第三个人扮演观察者。思考：谈判中应运用说服和让步技巧，谈判后回顾、检查谈判的情况。

（2）通过一个班的同学集体购置班服，练习讨价还价、价格磋商谈判的技巧。灵活运用谈判前价格目标制定、讨价还价的策略和技巧；灵活运用商务谈判让步策略和技巧。分两组按校服公司和班级学生代表角色模拟谈判实训。

学习评价

序 号	内 容	评 价				备 注
		完全掌握	基本掌握	较多不懂	未能掌握	
1	谈判的说服技巧					
2	谈判的让步技巧					

项目六

解 说

学习目标

1. 了解导游解说的语言特征。
2. 熟悉导游讲解的基本要求。
3. 掌握欢迎词、景点解说、文物解说、欢送词的表达技巧。

技能要求

1. 完成一次欢迎词现场解说。
2. 完成一次景点解说。
3. 完成一次文物解说。
4. 完成一次欢送词现场解说。

改革开放以来,我国旅游业发展迅速、经济前景广阔,对职业导游的素质和水平要求也随之提高,导游成为一门学问,解说也成为一种艺术,在工作中,导游需要提供游客迎送、景点讲解、紧急情况处理、团队协调和管理等服务,这些都要求导游具备良好的语言表达能力,锻练出一副好口才,这样才会受到游客们的欢迎。

任务一 解说的语言技巧

一、导游解说的特征

导游解说是在社会实践中逐渐形成的有职业特点的行业语言,导游服务的核心在于介绍,即"说"。导游口才的特征主要表现为以下几点。

1. 语言形象生动

生动形象、妙趣横生、发人深省的导游语言不仅能引人入胜,还会起到情景交融、创造美的意境的作用。相反,如果导游员的语言表达平淡无奇,像念经般单调,或者十分生硬,游客听了必定兴趣索然,甚至从心理上产生不耐烦和厌恶感。

2. 形式富于美感

导游的解说词虽然大同小异，但解说时一定要富有美感，讲解的表达方式应该针对不同游客的特点而变化，使用描绘性语言或叙述性语言或点化升华等技巧，使讲解活泼多样化。

3. 内容准确规范

准确性是对导游员在宣传、讲解及回答游客的问题时的基本要求。对于史料的考证要真实可靠，做到准确无误、合情合理。切忌随意解说、夸大其词、无中生有和主观臆断，防止出现歪曲事实、以偏概全，甚至杜撰史实的解说词。

二、导游解说的要求

导游语言既是一种行业语言，又是一种语言艺术。导游语言的表达，要符合导游语言的特点和导游服务的宗旨。

1. 音量要有高度

导游无论是交流还是解说，大多在室外一些热闹喧哗的景点，或在马达轰鸣的车船上，经常需要边走边讲解，很少有很安静的环境。因此，需要导游员讲解的音量较高。作为导游员，首先要学会放开喉咙大声讲解。导游员平常应注重提高肺活量，使游客无论在景区还是在车上、船上，都能听到你讲解的声音。

2. 普通话标准

用普通话讲解，是对一个导游员的基本要求。因为导游的讲解，目的是让游客听清楚、听明白。当然如果游客来自不同国家或地域，则需要用外语或者少数民族语言讲解。

3. 善于把握节奏

导游解说的语音应随着室内室外、人多人少、感情的激昂或低沉而变化，不能用一种语音、一种腔调、一种节奏讲到底，要根据内容当快则流利顺畅，当慢则娓娓道来、如数家珍，让游客享受和放松。

4. 语言文明热情

导游员就是以主人身份，接待那些远道而来的客人，因此，要求导游热情礼貌、语言文明，无论采用什么方式向游客讲解，语言都要文明、热情、温暖，直到说再见那一刻脸上都要一直挂着笑容。

5. 知识储备丰富

导游员在从事这个职业之前，应对各个景点的人文风景、历史知识了如指掌，甚至滚瓜烂熟，但还要不断充实新的内容，争取成为一部集自然景观与人文景观于一体的"移动"的百科全书，使游客从中获得丰富知识，感觉不虚此行。

6. 应变能力较强

导游在讲解时要不拘谨、不慌张，应变能力较强，并且根据游客的情绪好坏及时调整讲解的内容。当看到游客满脸疲惫时，应停止介绍；当看到游客兴奋激昂或满脸疑惑时，应抓住时机介绍，让他们感受旅途中的快乐。

学习评价

序 号	内 容	评 价				备注
		完全掌握	基本掌握	较多不懂	未能掌握	
1	导游解说的特征					
2	导游解说的要求					

任务二　接待和送行解说

导游解说不像辩论或谈判那样逻辑严谨缜密，因为游客是来游览自然景观或人文景观的，需要的是轻松和自然，因此，导游员应叙事托景、融情入景，可运用修辞手法，结合形象生动、妙趣横生的讲解让游客尽情享受旅游的快乐。

一、欢迎词的表达技巧

导游员带团之初都要礼貌地致欢迎词。欢迎词的内容以表达问候、介绍自己及介绍司机同伴、介绍旅游景点或表达服务意愿和祝福为主。

（1）介绍式：用简洁清晰的语言介绍自己和工作伙伴，包括姓名、易记的称呼及电话号码等。例如：

"各位朋友，大家一路辛苦了！我是××旅行社导游员陈××，大家可以称呼我小陈，也可以叫我陈导，我的电话是139××××××××，这是我们这次的跟团司机——李师傅，一路上将由我们为大家服务。"

（2）表达式：表达服务意愿和祝福，并提出要求。例如：

"××是一个美丽的海港城市，有着与众不同的自然景观和丰富的人文底蕴，在旅程中我们将尽心尽力做好导游工作，希望能让大家在这美丽的城市留下深刻而美丽的印象，满意而归！为了旅途的顺利和安全，希望大家服从我小陈的旅程安排，有事可以拨打我的电话：13×××××××××。"

（3）幽默式：用诙谐幽默的语言消除游客刚到目的地的疲惫，营造轻松的旅游氛围，拉近和游客的距离。例如：

"亲爱的游客朋友，大家好！我是你们这次旅途的金牌导游员×××，欢迎各位到××旅游参观，我会全心全意热心服务，让您这次旅程全程享受VIP服务，没白跑。××这个城市环境特别好，但是游玩之前有些事要跟你们先聊聊：如遇景区人山人海，千万别烦恼，如您太烦恼别忘了笑一笑；景区小贩吆喝高，土特产品别去瞧，三无产品没保障，忍住双手别掏钱。希望游玩感觉会很好，逛了吃了就知道。"

（4）文学式：欢迎词如引用一些谚语、名言及充满文采的诗句，有时也会收到意想不到的效果。例如：

"有朋自远方来，不亦乐乎""江湖朋友五湖来，千里有缘来相会""世界像部百科全书，读书只能读了书中一页，旅游则丈量世界一尺"。

二、欢送词的表达技巧

欢送词是旅游结束前、送别游客时导游员所说的结束语。一段好的欢送词犹如一篇好文章的精彩结尾，会让游客留下长久的回味，也能为前面导游的讲解工作锦上添花。

1. 小结旅游

小结旅游是指与游客一起回忆这段时间所游览的项目和参加的活动、收获及成果。例如：

"乘大家休息的空隙，让我们再次回忆一下这趟旅程。我们从哪里回忆起呢？是一望无垠的天池？还是缤纷绚烂的五彩滩？是秋色繁华的喀纳斯？天堂的眼泪赛里木湖？还是蜿蜒流淌的巴音布鲁克？我想不管是哪个景点、哪段经历，都或多或少给我们留下难忘美好的回忆，将成为我们人生中宝贵的财富。"

2. 感谢合作

感谢合作是指对旅游中的游客给予的支持、帮助、合作、谅解表示感谢，并表示没有他们的支持就很难保证旅游的胜利和成功。例如：

"感谢大家在这趟旅程中对我小黄工作的支持和谅解，没有大家的相互配合就没有我们这趟旅程的愉快顺利。"

3. 表示惜别

表示惜别，是指对分别表示惋惜之情、留恋之意。在讲这方面的内容时，面部表情应深沉一些，有"相见时难别亦难"的感慨，以给游客留下深刻、难以忘怀的记忆。例如：

"天下没有不散的筵席，送君千里，终须一别。在你们即将踏上返程的时刻，我不由地说，朋友，别忘了这里的草原，还有高山，还有湖泊，还有接待你们的导游员——珊珊。"

4. 期盼重逢

期盼重逢是分别时表现留恋之意又不得不分开的心情，期盼重逢，后会有期，与游客建立长久感情的最后告别。例如：

"中国有句古话，叫作：'两山不能相遇，两人总能重逢。'我们期盼不久的将来，还会在这里相见，欢迎大家重游美不胜收的九寨沟。再见，祝大家一路顺风。"

实训练习

模拟交谈训练

导游员接待的是形形色色、来自五湖四海的游客，他们是个性、心态、期望值各不相同的个体。与游客交谈时，敏捷的思路、伶俐的口齿、幽默的语言，往往可以消除游客的误会，让他们享受到真诚的服务。导游与游客的交谈，主要涉及旅程安排、餐饮、交通、住宿等话题。阅读以下案例，分析说明其语言表达技巧。

案例1　你认为这位导游的语言表达巧妙吗？为什么？

导游："刚才我们已经吃到了这里的第一顿饭，大家觉得怎么样？"

游客："挺好，不过稍微辣了点。"

导游："这是特意为大家这样安排的，因为我们湖南湘菜的特色之一就是辣。"

案例2　说说英国老年游客不满意的原因。

一对英国夫妇在登山途中气喘吁吁、汗流浃背，导游特别关照他们："岁月不饶人，不要勉强，实在上不去，就找个地方坐下休息，等团队下来时再一起下山。"结果招致这对夫妇的不满。

案例3 假如你是带团导游，该怎么与这位外宾交谈？

一个旅行团住宿在上海一家著名的大酒店，一位外宾吃完最后一道餐点，顺手把精美的景泰蓝汤勺悄悄"放入"自己的包里。

案例4 假如你是导游员，该怎样与这位游客交谈，并使其愉快地接受你的劝告？

新疆秋季瓜果众多，常常有客人买瓜果回房间享用，果皮、果汁极易弄脏地毯和棉织品，形成难以清除的污迹。于是，服务员对客人说："先生，对不起，您不能在房内吃西瓜，会弄脏地毯的，请您去餐厅吃吧。"客人很不高兴地回答道："你怎么知道我会弄脏地毯，我就喜欢在房间吃。"服务员再次解释："实在对不起，您不能在房间里吃西瓜。"客人生气地说："房间是我的，不用你教训。酒店多得是，我马上退房。"说罢，他愤然找到导游，要求退房，并重新安排住宿。

案例5 假如你是小江，遇到这样的问题准备如何交谈？

导游小江接待了一个全部由男性游客组成的旅游团。按照接待计划，该团在当地有两天的安排。第一天游览活动结束后，游客告诉小江，希望明天换个女导游，请他与旅行社联系安排一下。小江感到很委屈，但还是将客人的意见报告给了旅行社的经理。不过由于正值旅游旺季，临时换导游根本不可能。第二天出发时，游客们发现还是小江来接待，有些不高兴。小江对他们说："我已经把大家的意见转达给旅行社的领导了。现在是旅游旺季，人手十分紧张，别说是女导游，男导游都调不过来，你们就将就一天吧。"游客听了更加不舒服，个个都无精打采。

学习评价

序 号	内 容	评 价				备 注
		完全掌握	基本掌握	较多不懂	未能掌握	
1	欢迎词的表达技巧					
2	欢送词的表达技巧					

任务三 景点文物解说

导游员如何让自己的语言表达更加清楚、有趣、有味，使游客在听讲解的过程中获得知识、增长见识、激发游兴，获得一种精神享受，运用相关技巧显得非常重要。

一、景点讲解表达技巧

景点讲解是指导游员带领游客欣赏旅途景点时对景点做讲解，它是导游口才中最重要的主题用语。

（一）景点讲解的基本要求

景点讲解以书面解说词为蓝本，其基本要求体现在内容、语言及表达技巧三个方面。

1. 内容翔实丰富

景点讲解的内容一般包括景点的历史渊源、历史人物、地质地貌形成、诗文出处、观赏风光、艺术展品的审美品味等,这都需要导游员进行翔实的讲解,这也是旅游者获得知识的主要途径。例如:

"女士们,先生们,我们很快就要到达目的地了,现在我给大家简单介绍一下几个主要的景点。大家见到的一座巨石上面刻着四个大字"南天一柱"。根据中国传统的说法,天是圆的,它由地上四个角的四根柱子支撑着,这就是其中一根柱子的化身,它支撑着南天,让人民安居乐业。除此之外,我认为,它更能代表海南人民坚强、勇敢的性格,是海南人民的象征。到了天涯海角,各位会看到两块巨石,上面分别刻有"天涯""海角"的字样,这就是我们的目的地。在此我有一个提议,到了天涯海角咱们来个集体合影好吗?"

2. 语言通俗易懂

解说词在解说前要进行充分的书面语准备阶段,但导游通过口头语言表达出来,就必须做到通俗易懂,不能像背台词一样机械抽象。例如:

在上海向美国游客推荐游览外滩时,美国人感觉外滩令人费解,只要你说请你们去看看中国的"纽约第五大街"就可以。因为纽约的第五大街,是全美著名的商业街,他们一听不仅有亲切感,而且很快能理解外滩的性质和特点。

3. 表达富于变化

在解说景点的过程中,导游不可能将自己事先准备好的解说词和盘托出,因为在解说的过程中会遇到游客提问或者其他意料之外的事情,因此在表达过程中要根据实际情况适时调整解说方式,使解说灵活多变、富有色彩。例如:

跟英美客人介绍定陵时,因他们不懂中国历史,所以要变换一种方式:"This is the tomb of thirteenth emperor of Ming Dynasty where he was buried with his two empresses.(这是明朝第十三个皇帝的陵寝,他与他两位皇后葬在这里)"

(二)景点讲解的基本原则

解说讲解词时,导游员要注意知识性、趣味性、科普性和参与性的基本原则。

1. 知识性

导游的口语体现在解说词上,解说词里包含的知识是游客最想知道的,因此导游员的任务就是把自己所知道的景点知识做深入研究后,以自己独到的解说方式向游客描述,使游客听导游的讲解如同读书。例如:

"各位朋友,欢迎你们来到布达拉宫。举世闻名的布达拉宫是西藏的标志性建筑,同时也是宝贵的世界文化遗产之一。布达拉宫是西藏现存最大最完整的宫堡式建筑群,也是地球上海拔最高的大型古代宫殿。这座无与伦比的神域宫阙被誉为世界十大杰出土木石建筑之一,集中体现了西藏建筑、绘画等艺术精华。当你决定将双脚踏上布达拉宫山脚那巨大的花岗石阶的时候,你应该在内心默念:布达拉宫是世界上最高的宫殿群,它神秘、肃穆、伟岸,傲立尘世;它的存在本身就是不可思议的奇迹……"

2. 趣味性

导游员在解说时适当穿插一些有关景点的传说故事、笑话、当地的顺口溜或者名人留下来的诗歌、散文等,增加情趣;或者导游借景发挥,用夸张、比喻、双关等修辞手法,活跃讲解气氛,增强艺术表现力,让游客在欣赏美景的同时得到精神的愉悦。例如:

"游客朋友,我们旅游的目的地山西永济就要到了。地处黄河中游的山西,有许多值得去的地方。传说中'沉鱼落雁''闭月羞花'的四大美人杨玉环就出生于拥挤的独头村。'一仓三阁老,对门九尚书。站在鼓楼往南看,二十四家翰林院,大大小小知州县,三斗六升菜籽官'这句流传至今的顺口溜可以证明这里是人才辈出的地方。"

3. 科普性

导游在介绍景点时不能只注重童话故事、历史传说和风俗民情的解说而忽略科学知识的讲解,应让游客在通过旅游放松心情的同时增长知识。例如对有关地质遗迹景点的特点、成因演变、科学保护等内容应多讲解,这需要导游员多学习地质学、地理学、生态学、环境学等方面的知识,以满足游客增长科普知识的需要。例如:

"朋友们,九寨沟的水美在色彩,赤、橙、黄、蓝、紫、绿一应俱全。赤得发紫,黄得灿烂,绿得青翠,蓝得清纯,九寨沟的水为什么这么色彩斑斓?这是石灰岩的化学溶解引起的一系列地貌现象。九寨沟地表大量堆积的钙形成钙化堤、钙化滩、钙化池,在九寨沟地表地理环境下,较强的蒸发作用使地下水溢出后压力减小、地形改变处水流流速增大,这种现象形成喀斯特景观,形成了九寨沟这一杰作。"

4. 参与性

导游对景点妙处的评说可以"蜻蜓点水"般点到即止,剩下的可以让游客自己慢慢去体会和思考,吊起游客胃口,让游客带着问题饶有兴趣地玩赏。如果是年轻游客,更难静下来听导游长篇大论,不妨采取问答的方式或与他们多交流互动,反而会收到意想不到的效果。例如:

导游:"我们岳阳有句俗话,叫作三醉岳阳成仙人,各位是不是也想成仙呢?"

游客:"成仙当然好啦!"

导游伸出两个指头:"大家若想成仙,有两个条件,一是醉酒,二是吟诗。"

导游:"如果谁既能饮酒,又能吟诗而且到过岳阳三次,那么就会像吕洞宾一样成仙。"

(三)景点讲解的技巧

景点讲解应针对景点的不同、游客的类型、游客的情绪等采取不同的表达,采用不同的技巧,使讲解活泼多样。

1. 简述讲解

简述讲解就是用准确简练的语言,把景点介绍给游客,使他们在具体欣赏景观之前对景观有一个初步印象。简述讲解可以按前后顺序、按时间地点人物事件等或按因果关系对景物进行系统解说。例如:

"这就是驰名中外的岳阳楼,它与武昌的黄鹤楼、南昌的滕王阁合称江南三大名楼,素有'洞庭天下水,岳阳天下楼'的美誉,他原是三国时代东吴时陆逊训练水师的阅兵台。唐代建为岳阳楼,宋代则由巴陵县令滕子京主持重修。整个楼阁为纯木结构,重檐盔顶,1984年落架大修后重新开放。现在楼高二十米,由四根楠木柱支撑,楼顶就像古代的将军头盔。全楼没有一颗铁钉,这在力学、美学、建筑学、工艺学等方面都是杰出的成就。现在,楼内藏有清代刻的《岳阳楼记》雕屏,大家要想领略'衔远山,吞长江,浩浩荡荡,横无际涯'的风光,请随我登楼观赏。"

2. 描绘讲解

描绘讲解,就是用具体形象和富有文采的语言对眼前的景观进行描绘,使其细微的特点显现于游客面前。在旅游过程中，有些景观没有导游人员的讲解和指点，很难发现其美的所在，唤起美的感受。而经过导游的一番画龙点睛或重彩泼墨式的描绘之后，感觉就大不一样。例如：

"朋友们，我们现在在仙山妙境。请看，我们前面是一望无垠的太湖，身后是一片葱翠的丛林，青山绕着湖水，湖水映着青山；山石伸进水面，湖水咬住了山石；头上有山，脚下有水，真是天外有天，山外有山，岛中有岛，湖中有湖。山如青螺伏水，水似碧海浮动，真是茫茫三千顷，日夜浩青葱，骨立风云外，孤撑涛声中。"

3. 联想讲解

联想讲解是指用畅想式的语言，由此景联想到彼景，或是与此景有关的知识，让游客展开丰富的联想，得到很大的满足。例如：

"我们奇石林的石头，不看不知道，一看真奇妙。这些石头奇形怪状、鬼斧神工，请大家展开想象的翅膀去联想、遐思。请大家看这块石头，我们称为'象鼻石'，看了它，就会想起桂林的象鼻山；再看这块……它们把奇石林装点得生机勃勃，令人心旷神怡！"

4. 述古讲解

述古讲解，就是向游客讲述有关历史人物、事件、神话故事、轶闻典故等，以丰富游客的历史知识，使他们运用形象思维，更好地了解眼前的景观。例如：

"这座古琴台相传是春秋战国时期楚国琴师俞伯牙鼓琴的地方。有一次，俞伯牙坐船遇风，被阻隔在汉阳，在这里，他遇见了一个叫钟子期的人，伯牙知道钟子期喜欢听琴，就用古琴弹了两支曲子，一曲意在高山，一曲意在流水。钟子期听完，很快把乐曲的含义说了出来，伯牙十分钦佩，两人从此成了莫逆之交。一年后，钟子期病逝，俞伯牙十分难过，特别到钟子期的墓前弹奏了一曲'高山流水'，弹完后就把琴摔掉了，发誓不再鼓琴，这就是后人所说，伯牙摔琴谢知音。"

5. 猜谜讲解

猜谜讲解就是根据旅游景观的内容和特点，以猜想推测的形式引发游客的兴致。例如：

"这儿的山路蜿蜒幽静，路边的溪水叮咚作响，远近的山岩郁郁葱葱。清代文人俞樾游到这里，诗兴大发，挥笔写道'曲曲环环路，叮叮咚咚泉，远远近近山……'诗里的每一句都用了叠词，朋友们你们猜猜，第四句写树时，诗人用得是什么叠词？"游客们议论纷纷，最后在导游的启发下猜出高高下下树。大家都惊叹诗人用词精妙，这高和下贴切传神，写活了沿山而长的树林。

6. 悬念讲解

悬念讲解是根据不同的导游内容，有意识地创造连环套似的情境，先抑后扬地提出问题，造成"欲知结果如何，请听下回分解"的悬念，使游客由被动讲解变为主动探寻，以激起他们的好奇心和求知欲。例如：

"定陵可分门前、展室和地宫三大部分。在门前，先讲概况，然后点出挖掘年代，想知道挖掘过程？请到展室来。"

7. 设问讲解

设问讲解，有时为了激起游客的兴致，让游客在游览中观察、在观察中领悟，可以运用提问、反问等方法，做到讲中有问、问中有答、你问我答、我问大家答，使大家关系融洽。例如：

"游客们，你们知道'黄山'名字的由来吗？"

你们知道'猴子现海'的传说吗?"

"各位团友,天涯海角很快就要到了,为什么要称此地为'天涯海角'呢?这个世界上真的有'天涯海角'这样一个地方吗?这正是我要告诉大家的。"

8. 对比讲解

对比讲解,即介绍眼前景物时先简述天下知名景点中的同类景物,对比讲解可唤起游客游览过该地的美好回忆,同时又可以对眼前景物进行衬托映衬,引起游客的游玩兴致。例如:

"九寨沟,人间仙境,有'看完九寨不看水,看完黄山不看山'之说。可能你看过漓江,看过黄河,看过长江,但今天你将要看到的是不同于以往所看到的任何美景——九寨沟,为您展示的是一副色彩斑斓、多姿多彩的水的世界。"

9. 幽默讲解

有时劳累、景观重复等原因会使游客情绪降低,此时用幽默、调侃的语言,能够使游客在笑声中消除疲劳,在游玩中获得知识。例如:

"朋友们,这个疯和尚有个雅号叫'十不全',就是说有十样毛病:歪嘴、驼背、斗鸡眼、招风耳、瘌痢头、翘脚、抓手、鸡胸、斜肩胛,外加一个歪鼻头。大家别看他相貌不完美,但残而不丑,从正面、左面、右面看,你会找到喜、怒、哀、乐等多种表情。另外,那边还有五百罗汉,大家不妨去找找看,也许能发现酷似自己的'光辉形象'。"

二、文物讲解表达技巧

文物是人类在社会活动中遗留下来的具有历史、艺术、科学价值的遗物和遗迹。它是人类宝贵的历史文化遗产。要让文物说话、让文化活起来,博物馆讲解员的作用不可小觑。他们的工作看起来简单,但优秀的讲解员,可以举一反三、追本溯源、由此及彼、讲古论今,给冰冷的文物赋予生命,向世人展示古老而丰盈的中华文明,对传承中华文明起着举足轻重的作用。

(一)文物讲解的方式方法

1. 引导叙述

讲解员在引导观众参观的过程中按陈列顺序进行解释和说明,既可以前后贯通讲完整个陈列内容,也可以根据观众的要求,讲解陈列的某一部分。这种方法的讲解气氛较为宽松,适宜于接待零散的观众,是各博物馆比较普遍采用的讲解方法。

2. 课堂教学

这主要是接待利用博物馆作为第二课堂的学生。他们有组织、有计划地到博物馆参观,讲解员参照学校的授课进度进行讲解,讲解中穿插必要的提问。这种讲解方法教学气氛较浓。

3. 总介绍

在观众参观前,先集中、概括地介绍展览的主题思想和主要内容,使观众明了将要参观的是什么,并对参观发生兴趣,这种方法适用于接待较大规模的团体。

4. 讨论式

讨论式讲解适用于接待有目的地到博物馆参观的、人数较少的专业工作者,讲解员与观众边看边讲,不时进行交谈,气氛活跃,双方都有收获。

5. 边讲边操作

在讲解过程中，向观众提供一些模型、复制品或模拟品，让观众触摸、操作一番，产生身临其境之感，加深对所讲、所看内容的理解，这种讲解方法在一些发达国家的博物馆采用得较多。

（二）文物讲解的技巧

1. 因人施讲

由于观众的教育背景、参观动机及在博物馆停留的时间等存在着相当大的差异，讲解员要根据不同的观众设计出不同的讲解内容，选择不同的讲解方式，针对观众年龄、性别、民族、职业和文化水平的差异特点，组织不同的讲解语言，做到"有的放矢""因人施讲"。例如，在接待儿童时，讲解员应该组织生动、浅显、通俗的讲解词，增加讲解语言的趣味性和故事性；给一些收藏爱好者进行讲解时，应该将讲解语言定位在专业、精准和全面。

2. 选择合适的切入点

找好开头的切入点，营造一个别开生面的开头，使开头独特、新颖、具有吸引力，有事半功倍的效果。例如：

（开门见山）"眼前这方千金猴王砚，是我馆镇馆之宝之一，也是清末广东'三大名砚'之一。猴王砚用端石中最名贵的老坑石雕刻而成，集合了鱼脑冻等众多名贵石品花纹于一身。更难得的是，这方砚中的鱼脑冻天然显现出一只猕猴的形象，而制砚工匠还把它完整地保留在砚堂中。"

（引起共鸣）"广州博物馆创建于1929年，是中国早期建立的博物馆之一，当时博物馆的馆址就设在大家现在身处的这座古色古香的建筑——镇海楼中。"

（提出设问）"我想向大家提一个小问题：在以往的生活中，您有过骑马的经历吗？如果有，您注意过马镫吗？您也许会说，马镫不是一件很平常的东西吗？难道它还有什么特别之处吗？好，现在我就来讲讲这小小的马镫。"

3. 增加与观众的互动性

寻找观众感兴趣的问题进行讨论，并将内容引向深入。通过提问及参与性、体验性节目，寻找观众兴趣点。例如：

"谈起这方千金猴王砚，还有着一段离奇不凡的身世呢，在光绪年间，张之洞任两广总督时曾主持重开端溪老坑大西洞，他的一位姓何的幕僚得到了三块上等的砚石，于是请端州贡砚世家——郭家后人郭兰祥雕刻制作，由于三块砚石都具有酷似动物形象的石品花纹，所以因材施艺，分别雕作"白鹤啄松""青牛眠草""猕猴捧桃"，这就是著名的'清末广东三大名砚'。由于猴王砚声名在外，自问世以来，曾多次更换主人。1959年，广东省博物馆成立后，正式收藏了此砚。从此结束了它'颠沛流离'的命运。"

4. 设置观众的兴趣点

利用历史故事、历史人物、成语、典故等激发观众的兴趣；巧妙利用提问吸引观众的注意力；结合社会现实，与观众日常生活进行联系、比较，谈古论今，引起共鸣。例如：

《六千年前的土房子》

观众朋友，我们每天的生活离不开房子，您也许住在宽敞明亮舒适的房间里，每天穿梭在巍峨高峻的现代摩天大楼之间，也许每天漫步在风景别致的古镇里，您也许领略过西方庙堂建筑的庄严神圣，也许感受过东方皇宫的雄伟壮观，然而您是否会想到，人类最早的建筑是从何时开始的？

在6000年前的半坡村落有这样一座土房子，它一半在地下，一半高出地面，墙壁是方形土坑的坑壁，四壁立有木椽斜伸向屋顶悬臂交接，构成大叉手屋架；用树枝做骨架，藤条缠绕木柱做面层，内外敷上泥土，再用火烘烤干燥，一座半地穴式四面坡状的房屋便建成了。这些简陋的土房子在今天看来简单粗糙，毫无惊人之处，但它却是人类搭建的第一道抵御自然的屏障，是最早创造出的遮风避雨的人造空间，这是人类的一个巨大进步，是人类早期与大自然抗衡取得的一次重大成功。

每一件具体的文物，它所包含的文化信息是丰富多彩的，我们可以从不同的侧面对信息加以解释和传播。如果把展品放在一个历史坐标的中心，从横向看，不同学科可以从不同的视角用不同的方法解读它的文化信息，使这些信息具有了不同的学科意义；从纵向看，在历史发展长河中，这些文化折射出不同时代的价值观，人们以此为基础反思历史、认识今天和展望未来。

文物的讲解工作，就是要向观众阐释展品外观所看不到的深藏其中的文化内涵，并与现实社会相联系，挖掘其历史价值、社会价值和艺术价值。

实训练习

（1）我国旅游资源丰富，游览胜地众多，明山秀水令人向往。设计解说词，背解说词，说好解说词是导游员的基本功。

技能实训：① 中国许多名山会因为山间的特殊气候而使天气出现一天三变的状况。请同学们分别以晴天、雨天、雪天的泰山为题，设计景点解说词。

② 学生用10分钟的时间记住以下解说词，进行班级小组比赛。

解说词1

美丽神奇的仙境——西双版纳

西双版纳位于云南省的南部，面积约2万平方公里，聚居着10多个民族，其中以傣族人口最多。作为一个风景旅游胜地，西双版纳很有地方特色，你在这里可以欣赏和感受到傣族主楼、奇木异草、孔雀舞、泼水节、斗鸡、龙舟比赛，还可以放孔明灯，吃竹筒饭……

解说词2

人间天堂是苏杭——浙江杭州

杭州西湖位于浙江省杭州市的西部，它以其秀丽的湖光山色和众多的名胜古迹而闻名中外，是我国著名的旅游胜地，也被誉为"人间天堂"。2011年6月24日，杭州西湖正式列入《世界遗产名录》，是目前我国列入《世界遗产名录》的世界遗产中唯一一处湖泊类文化遗产，也是现今《世界遗产名录》中少数几个湖泊类文化遗产之一。而断桥上白娘子的传说更为西湖增添了几分浪漫色彩。

解说词3

桂林漓江独秀美——广西桂林

桂林漓江风景区是世界上规模最大、风景最美的岩溶山水旅游区，千百年来不知陶醉了多少文人墨客。桂林漓江风景区以桂林市为中心，北起兴安灵渠，南至阳朔，由漓江一水相连。桂林山水向以"山青、水秀、洞奇"三绝闻名中外。其中一江（漓江）、两洞（芦笛岩、七星岩）、三山（独秀峰、伏波山、叠彩山）最具代表性，它们基本上是桂林山水的精华所在。

解说词 4

心驰神往张家界——湖南张家界

张家界国家森林公园是我国第一个国家级森林公园，距张家界市区 32 公里，东连索溪峪，北邻天子山，面积 130 平方公里，集神奇、钟秀、雄浑、原始、清新于一体，以岩称奇。园内连绵重叠着数以千计的石峰，奇峰千姿百态，或孤峰独秀，或群峰相依，造型完美，形神兼备。

解说词 5

苏州园林甲天下——江苏苏州

苏州园林是指我国苏州市内的园林建筑，以私家园林为主，起始于春秋时期的吴国建都姑苏时（公元前 514 年），形成于五代，成熟于宋代，兴旺于明代，鼎盛于清代。到清末苏州已有各色园林 170 多处，现保存完整的有 60 多处，对外开放的园林有 19 处。苏州园林占地面积不大，但以意境见长，以独具匠心的艺术手法在有限的空间内点辍安排，移步换景，变化无穷。1997 年，苏州古典园林作为中国园林的代表被列入《世界遗产名录》，是中华园林文化的翘楚和骄傲。

解说词 6

神秘心灵的圣地——西藏

西藏既有独特的高原雪域风光，又有妩媚的南国风采，而与这种大自然相融合的人文景观，也使西藏在旅行者眼中具有了真正独特的魅力。至今，还有许多藏族人的生活习俗与高原之外的人有着很大的差异，也正由于这种差异，才使西藏的一切具有了观赏价值。

③ 模拟旅游团队的 1 名导游、9 名游客，导游用自己的语言对家乡的某一个特色景点进行解说，游客针对导游的解说进行提问。

（2）假如有兄弟院校参观团来我院参观，你作为一名学生导游，如何设计欢迎词、主体用语和欢迎词？如何引导他们参观校园？请同学分组进行模拟训练，并将自己的导游词记录下来，进行自我评价或互评。

学习评价

序　号	内　容	评　价				备　注
		完全掌握	基本掌握	较多不懂	未能掌握	
1	景点讲解的表达技巧					
2	文物讲解的表达技巧					
3	解说词的训练					

反侵权盗版声明

电子工业出版社依法对本作品享有专有出版权。任何未经权利人书面许可，复制、销售或通过信息网络传播本作品的行为；歪曲、篡改、剽窃本作品的行为，均违反《中华人民共和国著作权法》，其行为人应承担相应的民事责任和行政责任，构成犯罪的，将被依法追究刑事责任。

为了维护市场秩序，保护权利人的合法权益，我社将依法查处和打击侵权盗版的单位和个人。欢迎社会各界人士积极举报侵权盗版行为，本社将奖励举报有功人员，并保证举报人的信息不被泄露。

举报电话：（010）88254396；（010）88258888

传　　真：（010）88254397

E-mail：　dbqq@phei.com.cn

通信地址：北京市万寿路173信箱

　　　　　电子工业出版社总编办公室

邮　　编：100036